COLLECTION D'AVENTURES

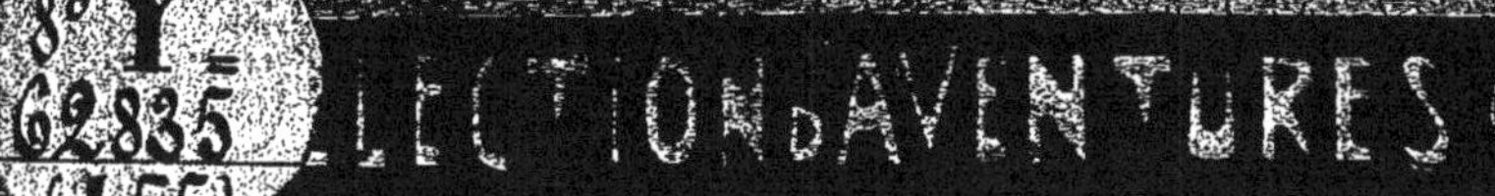

L'USINE INFERNALE

COLLECTION D'AVENTURES, 3, Rue de Rocroy, Paris (10e)

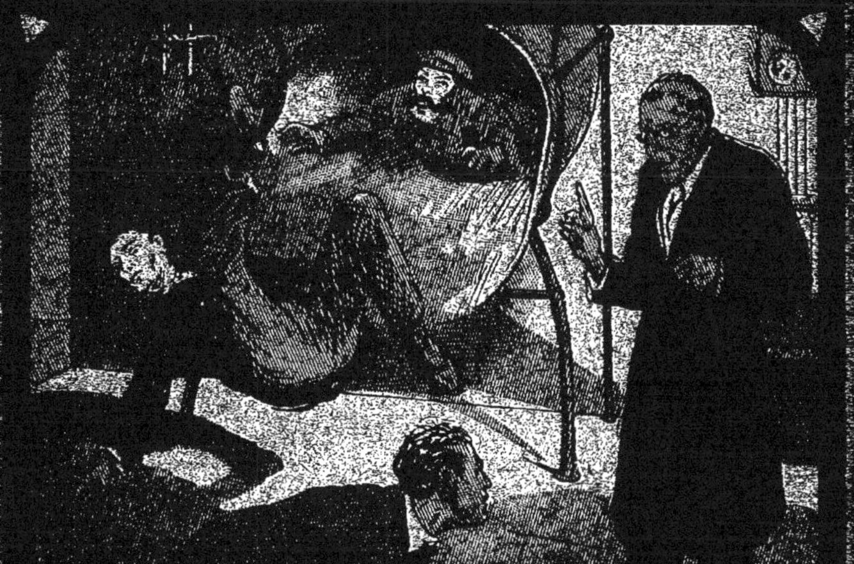

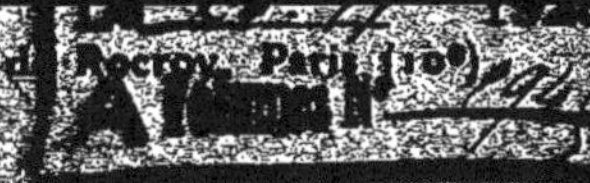

COLLECTION D'AVENTURES *

ABONNEMENTS

UN AN : PARIS, DÉPARTEMENTS 22 FR. ; ÉTRANGER 29 FR. **Compte chèque postal 259-10.**

L'USINE INFERNALE

PAR

PIERRE ADAM

PARIS

ÉDITION DE LA COLLECTION D'AVENTURES

3, RUE DE ROCROY, 3

455

Collection d'Aventures

Le volume : 45 centimes.

TITRES DES VOLUMES PARUS

241.	**Le Trou de l'Enfer**	X.
242.	**Le Vaisseau Trésor**	O. Malat.
243.	**Ralph, le Serpent**	O. Malat.
244.	**Les Despérados**	M. Sevestre.
245.	**Robert Cernac, l'intrépide**	A. Monjardin.
246.	**Le Capitaine Lucifer**	G. Choquet.
247.	**Harry, le Taureau rouge**	G. Choquet.
248.	**L'Homme au masque noir**	G. Choquet.
249.	**Le Cavalier fantastique**	G. Choquet.
250.	**Les Chercheurs d'Ivoire**	D. Hervey.
251.	**La Montagne Hantée**	D. Hervey.
252.	**La Pierre de Luxe**	D. Hervey.
253.	**Le Château des Loups rouges**	J. Aleyrac.
254.	**La Miséricorde d'Amaury**	A. Romagny.
255.	**Les Brigands des Karpathes**	A. Romagny.
256.	**Spianagoba, Redresse-bosses**	A. Romagny.
257.	**Robert l'Enfant perdu**	Albert Pajol.
258	**La Maison des Fous**	Albert Pajol.
259.	**L'Explorateur Fantôme**	G. Choquet.
260.	**Le Cratère du Diable**	G. Choquet.
261.	**Le Triomphe de l'Aile**	G. Choquet.
262.	**Les Chevaliers de la Forêt**	J. Aleyrac.
263.	**Le Spectre vivant**	J. Aleyrac.
264.	**Les Négriers des Rivières du Sud**	Pierre Agay.
265.	**Prisonniers du Roi d'Ebène**	Pierre Agay.
266.	**Le Marécage de l'Epouvante**	Pierre Agay.
267.	**Les Invisibles**	A. Monjardin.
268.	**Le Pont de la Fausse-Monnaie**	A. Monjardin.
269.	**Le Miroir qui tue**	A. Monjardin.
270.	**Le Mystère de la Tour Eiffel**	G. Guitton.
271.	**Sous la griffe du Tigre**	G. Guitton.
272.	**Le Récit des Cannibales**	José Moselli.
273.	**Le Forçat milliardaire**	José Moselli.
274.	**Les Compagnons de la Mort**	J. Mahan.
275.	**Le Pont des Cadavres**	J. Mahan.
276.	**La Caverne aux millions**	J. Mahan.
277.	**Le Signe du Malheur**	G. Choquet.
278.	**Le Contrepoison Malais**	G. Choquet.
279.	**Le Maître du Monde**	G. Choquet.
280.	**Le Vaisseau Aérien**	G. Choquet.
281.	**Justus Wiss détective**	A. Romagny.
282.	**La Chasse à l'homme**	A. Romagny
283.	**Le Courrier de Lyon**	J. Aleyrac.
284.	**La Maison du Poivre de Cayenne**	J. Aleyrac.
285.	**L'Héritage de la Mendiante**	M. Mario.
286.	**Le Cabaret du Rat Blanc**	M. Mario.
287.	**Le Mystère des Ruines**	D. Ramières.
288.	**Le Prisonnier du Souterrain**	D. Ramières.
289.	**Les Petits Chanteurs des Rues**	J. Fabien.
290.	**Le Mystérieux Mage**	J. Fabien.
291.	**Au milieu des Lions**	J. Fabien.
292.	**Un Duel à l'Américaine**	J. Fabien.
293.	**La Sorcière Jaune**	J. Fabien.
294.	**Kaleh, le Fakir**	J. Fabien.
295.	**Les Hommes-Serpents**	J. Fabien.
296.	**Perdus dans la Neige**	J. Fabien.
297.	**Les Eclaireurs Rouges**	A. Romagny.
298.	**L'Automobile blindée**	A. Romagny.
299.	**Les Champs d'Or de l'Urubu**	J. Moselli.
300.	**Les Cachots de la Faim**	J. Moselli.
301.	**L'Antre des Crabes Géants**	J. Moselli.
302.	**Le Poison des Vaudoux**	J. Moselli.
303.	**Les Esclaves de la Cité de l'Or**	J. Moselli.
304.	**Le Trésorier du Bagne**	J. Moselli.
305.	**Les Prisonniers de l'Océan**	J. Moselli.
306.	**La Vengeance du Forçat**	J. Moselli.
307.	**Les Yeux d'acier**	P. Adam.
308.	**Dans les Eaux polaires**	P. Adam.
309.	**L'Ile Mécanique**	P. Adam.
310.	**La Marche à la Navaja**	P. Adam.
311.	**Les Aventures de Coucou**	G. Choquet.
312.	**Le Gouffre aux serpents**	G. Choquet.
313.	**Les Cœurs Sanglants**	G. Choquet.
314.	**Thomas, Balle-Sûre**	G. Choquet.
315.	**Le Sachem des « Bonnets-Noirs »**	G. Choquet.
316.	**La Ville Morte**	G. Choquet.
317.	**L'Empire de la Sierra**	F. d'Argelles.
318.	**L'Automobile d'or**	F. d'Argelles.
319.	**Les Requins du Pacifique**	J. Moselli.
320.	**Le Trésor de l'Orpheline**	J. Moselli.
321.	**Les Cannibales des Mers du Sud**	J. Moselli.
322.	**La Justice des Requins**	J. Moselli.
323.	**Pédro, le Tueur d'Hommes**	G. Choquet.
324.	**La Guerre dans la Prairie**	G. Choquet.
325.	**La Taverne des Chutes**	G. Choquet.
326.	**Le Nain au Collier du Chien**	G. Choquet.
327.	**L'Agonie d'une Race**	G. Choquet.
328.	**Les Drames de l'Amazone**	G. Choquet.
329.	**Perdu dans la Forêt Vierge**	G. Choquet.
330.	**Le Château du Lac**	G. Choquet.
331.	**Brulheim, le Colosse Roux**	G. Choquet.
332.	**Dans les Ténèbres éternelles**	G. Choquet.
333.	**Au pays de l'Epouvante**	G. Choquet.
334.	**Le Tour du Monde de Gaspard Bras-de-Fer**	M. Mario.
335.	**Le Roi du Désert**	M. Mario.

Tous ces volumes sont expédiés *franco* à domicile sur demande accompagnée d'un mandat et adressée à l'**Administration**, 3, rue de Rocroy, Paris (Xe). Ajoutez au prix de chaque volume **15** centimes pour le port.

(Voir la suite sur la couverture, page extérieure.)

455

L'USINE INFERNALE

CHAPITRE PREMIER

OU IL EST QUESTION D'ESPOIR, D'ARGENT, ET D'HOMMES-SANDWICH

Le domestique à tignasse noire qui venait d'entrer dans la chambre s'était dirigé vers le lit et avait aussitôt pétri le dormeur avec une ardeur égale à celle d'un boulanger travaillant de la pâte. En même temps, il appelait :

— Monsieur !... Monsieur !...

— Heû !... Ouh !... grogna sourdement le monsieur qui devait être un jeune homme, si l'on en jugeait par ses longs et soyeux cheveux châtains et sa fine moustache de même couleur.

— Excusez-moi, monsieur, si je vous tarabuste, mais...

— Sacré tonnerre de bon sang de bonsoir ! explosa soudain le personnage étendu sous les draps et les couvertures. Il n'y a donc plus moyen de dormir ?... Quelle heure est-il ?

— Midi et demi, monsieur.

— Sacré bonsoir de bon sang de tonnerre ! Et c'est maintenant que tu me réveilles ? Philibert de tous les diables, que t'avais-je dit hier soir ?

— Vous m'aviez recommandé de vous sonner la diane à midi, monsieur... Mais vous dormiez si bien !... Et puis, j'ai tout préparé. Votre toilette ira comme sur des roulettes.

— Mais où suis-je ? s'exclama le jeune homme en promenant autour de lui un regard étonné.

— Vous voyez bien, monsieur, que vous ne vous êtes pas assez reposé, articula le domestique qui répondait au prénom de Philibert. La traversée vous a éprouvé, quoiqu'elle ait été courte... Vous êtes à Cardiff, monsieur, au *Sky-hotel*, chambre 26, deuxième étage.

— Ah ! oui ! sourit l'interlocuteur du valet de chambre. Il s'agit de se mettre aujourd'hui sur son trente et un. Car c'est dans deux heures, trois au plus, que mon sort se décide ! L'appétit me revient avec la mémoire !... Mange-t-on plusieurs fois par jour, dans cette baraque ?

— Certainement, monsieur, dit Philibert. Prendrez-vous un col droit ou bien un col rabattu ?

— Rabattu, mon ami.

Le domestique pivota sur ses talons, traversa la chambre, atteignit sur une étagère une petite valise où se voyait, insérée dans un cadre de cuir, une carte de visite portant ces mots :

LUCIEN BÉRIEUX

Ingénieur civil.

Paris.

Tandis que Philibert plongeait dans la valise une main experte, le jeune homme sautait à bas de son lit, revêtait un pyjama et procédait sans plus tarder à ses ablutions quotidiennes. Entre deux frictions à l'eau froide, il soliloquait :

— Qui pourrait m'empêcher d'arriver au but ? Je suis jeune, pas trop mal fait, j'ai le désir de me rendre utile à mes compatriotes et même à ceux qui habitent par delà les frontières à la condition qu'ils me rendent sympathie pour sympathie... J'aurai de la fortune un jour... Oui, décidément, j'ai eu raison d'entreprendre ce voyage !

— Des chaussettes de soie, monsieur ? demanda le domestique.

— Parbleu! fit Lucien Bérieux.

Et il poursuivit intérieurement :

— J'ai vingt-quatre ans. C'est le bel âge pour se marier. Cette affirmation n'est pas de moi, elle est de sir Welley lui-même, de ce bon, de cet excellent sir Welley, qui sera bien surpris de me voir, mais joyeusement surpris, du moins je l'espère... Philibert, ouvre les fenêtres ! On respire mal, ici !

— Voilà, monsieur, voilà ! dit Philibert.

Une demi-heure plus tard, le jeune homme descendait à la salle à manger où de nombreux voyageurs, Anglais pour la plupart, venaient s'installer. Lucien avisa une petite table où il serait seul et d'où il pourrait observer à loisir les clients de l'hôtel. Il mangea le rosbif aux pommes de terre bouillies, but de la bière blonde avec délices, prit une tasse de café, passa au fumoir où il grilla plusieurs cigarettes, non sans consulter de temps à autre la pendule dont les aiguilles marchaient trop lentement à son gré. Au moment où elles marquèrent deux heures trente, il poussa un soupir de soulagement, prit son chapeau, sortit, sauta dans le premier cab qui se présenta, jeta au cocher cette adresse :

— 66, Bower-street ! *and quickly !* (Et vite !)

— Yes ! fit placidement le cabman.

La rosse qui tirait la voiture sautillait dans les brancards et pouvait se vanter, pour la vitesse, de faire concurrence aux escargots. Elle finit pourtant par atteindre la rue indiquée et par stopper devant un immeuble de belle apparence sur la porte duquel une plaque de cuivre poli laissait voir ces lettres gravées :

James Welley, *bank.*

Lucien sauta lestement à terre, paya le cocher et sonna à la porte... Un vieillard en livrée olive vint ouvrir.

— Eh ! c'est ce bon William ! dit Bérieux. Vous allez bien, depuis que je vous ai vu à Royan, William ? Vos maîtres vont bien ? Mrs. Welley n'est pas malade ? Miss Fany non plus ?... Annoncez-moi à sir Welley, je vous prie !

William eut une grimace suivie de mille plissements du visage ; il ne savait pas sourire autrement.

— Entrez, dit-il, et veuillez passer au salon d'attente... Je vais faire ce que vous me dites...

Et il s'effaçait pour laisser pénétrer le visiteur, qui s'empressa de s'enfoncer pour, de là, gagner la pièce dont le valet avait parlé.

C'était un salon austère où le banquier James Welley recevait ses clients, leur donnait de courtes audiences. Lucien n'y était pas depuis cinq minutes que la porte du fond s'ouvrit... Un homme de haute taille, entièrement rasé, cheveux gris, regard droit et sévère, fit son apparition.

— Bonjour, dit-il simplement en tendant la main au jeune Français. Charmé de vous voir... Mais il est trois heures moins dix... *Times is money*... Je vous écoute !

— Cher monsieur, commença Lucien, je suis heureux de vous voir aussi, et c'est même parce que le plaisir m'est infiniment grand que je...

— Pardon ! coupa sir Welley ; vous venez pour affaires ?

— Mais oui !

— Alors, soyez bref.

Bérieux se mit à trembler du bout des doigts et prononça d'une voix ferme :

— Monsieur, je viens vous demander la main de Mlle votre fille.

— Hein !... Fany ? sursauta le banquier.

— Vous n'en avez point d'autre, que je sache ? dit le jeune homme.

— Mon ami, fit Welley, j'ai beaucoup d'estime pour vous, mais je réponds non.

— Pourquoi donc, monsieur ? interrogea Lucien dont le visage se couvrait d'une pâleur subite. Je jouis d'une santé robuste...

— Ce n'est pas cela.

— Je suis ingénieur...

— Ingénieur sans travail, d'accord.

— Mais je travaillerai, monsieur !

— En attendant, vous n'avez pas le sou... J'appelle les choses par leur nom...

— Mais je serai riche un jour ! se récria Bérieux. Mon oncle Arthur d'Ingrandes a de la fortune et il est célibataire !

Sir Welley regarda le visiteur dans les prunelles.

— Est-ce sérieux ce que vous me dites là ? demanda-t-il. Prenez garde à votre réponse, jeune homme !

— C'est très sérieux ! assura Lucien.

— Vous m'avez l'air honnête, dit le banquier. C'est donc que vous êtes ignorant... Quand avez-vous quitté Paris ?

— Avant-hier...

— A quelle heure ?

— Cinq heures du soir.

— Alors tout s'explique !... Je suis au regret d'avoir à vous apprendre une chose que tous les financiers de la Grande-Bretagne savent maintenant : M. votre oncle s'est enfui de la capitale, comme vous dites, vous autres, Français, après avoir mangé tout son bien et même davantage, puisqu'il laisse des dettes criardes. Vous voyez que Fany n'est pas pour vous.

Un coup de massue appliqué à l'improviste sur la nuque de Lucien ne lui eût pas produit un effet plus terrible que cette nouvelle. Il chancela et dut faire un effort prodigieux pour ne pas tomber dans le fauteuil qui se trouvait derrière lui.

— Mon oncle ruiné ? suffoqua-t-il. Mais alors ?...

— Au revoir, mon ami, dit sir Welley en poussant doucement le jeune ingénieur vers la porte. L'histoire de votre oncle me fait perdre cent mille francs et plus... Vous voyez si j'ai des raisons de me montrer content. Ne pensez plus à Fany et réussissez dans la vie. C'est la grâce que je vous souhaite.

Dans la rue où il se retrouva peu après, Bérieux se prit la tête à deux mains.

Tous ses rêves venaient, d'un seul coup, de sombrer. Il avait négligé de travailler jusqu'à ce jour parce que son oncle pourvoyait généreusement à ses besoins... Cet oncle l'avait incliné à l'insouciance... Et il disparaissait comme cela, tout d'un coup, sans prévenir son monde !... Et Fany, l'aimable et gracieuse Fany dont il avait souhaité faire sa femme, ne porterait jamais le nom de Lucien Bérieux !

— Me voilà rejeté dans le clan des pauvres diables ! murmura le jeune homme. Je n'ai même pas de quoi payer Philibert à la fin du mois ! Je suis condamné à me débattre comme dans un gouffre après avoir cru atteindre à la lumière ! Quel triste sort que le mien ! En est-il de moins enviable ? Ah ! que m'importe l'existence, maintenant ? J'ai été habitué au luxe et à la liberté ; mon lot sera dorénavant la misère et l'esclavage ! Et la chute s'est produite brusquement, sans avis préalable ! J'en suis étourdi et navré ! J'en suis désespéré, aplati, moulu, laminé, pulvérisé ! Ai-je bien entendu ? n'étais-je pas le jouet d'un rêve ?

En remuant toutes sortes de pensées couleur d'encre dans sa tête en feu, Lucien arriva, sans trop savoir comment, au *Sky-hotel* qu'il avait quitté plein d'espoir une heure auparavant. Philibert l'y attendait.

— Eh bien, monsieur ? demanda-t-il, irons-nous bientôt aux noces ?

— Une corde ! répondit Lucien. Une corde que je me pende !

— Fichtre !... Le papa a fait le méchant ?

— Nous allons nous séparer, mon pauvre Philibert ! pleura presque Bérieux. Mon oncle a disparu... Je suis sans ressources.

— Nom d'un chien ! dit Philibert. C'est grave !... Mais je n'abandonne pas monsieur ! Ah ! non !... J'ai des économies... Nous les mangerons ensemble en attendant que vous ayez trouvé quelque chose...

— Brave garçon ! s'attendrit le jeune homme. Ton dévouement me touche, mais je ne puis accepter ton offre généreuse...

— Et pourquoi, s'il vous plaît ? questionna Philibert.

— Parce que la vie m'est odieuse et que je veux lui dire adieu.

— Oh ! oh !... Nous nous suiciderons ensemble, alors ! Je vous jure, monsieur, que l'idée ne m'est jamais venue que je pourrais quitter votre service. Je ne trouverai pas sur la planète un maître aussi bon que vous. Votre désespoir est le mien. Quand piquons-nous notre plongeon dans le port ?

— Dès que j'aurai la confirmation du malheur qui s'abat sur moi, dit Bérieux. Tu vas porter cette dépêche à la poste...

Le jeune homme prit un bout de papier, traça quelques lignes à l'adresse de son oncle et se mit à ruminer son écroulement dès que le domestique fut parti.

— Si Welley m'avait raconté des balançoires, se disait Lucien.

Il se raccrochait jusqu'au bout à l'espérance.

Malheureusement, le lendemain matin, il lut dans les journaux l'aventure apprise la veille. Il en conçut un redoublement de peine. Son dégoût de la vie centupla.

— A tout à l'heure ! dit-il d'une voix sombre à Philibert. Je vais faire un tour en ville... Donne-moi mon chapeau...

— Vous, mon bon monsieur, vous êtes à surveiller, pensa le domestique.

Sur le trottoir, Lucien se mit à marcher automatiquement. Il se sentait la tête vide et le cœur endolori. Les passants qu'il croisait lui semblaient autant d'ombres chinoises défilant sur un écran lointain. Il murmurait :

— Dans une heure, je serai rentré dans le néant !... Dans une heure !...

Les rires qu'il entendait lui faisaient mal. Il s'indigna de voir des consommateurs à la terrasse d'un café. Du moment qu'il était désespéré, il eût admis que personne ne trouvât plus de charme à l'existence. Tout à coup, il s'arrêta et tressaillit...

Des hommes passaient au carrefour, des hommes dont on ne voyait que la tête et les pieds, car ils avaient le corps dissimulé par une double affiche ; l'une d'elles recouvrait le ventre, l'autre le dos.

Ils étaient une demi-douzaine, qui marchaient à la file de ce pas lent et fatigué des hommes-sandwich de toutes les villes du monde. Des mots flamboyaient en rouge sur les pancartes qu'ils trimbalaient de rue en rue. Lucien n'avait tressailli que parce qu'il venait de lire :

AUX FATIGUÉS DE LA VIE,
AUX DÉSESPÉRÉS,
A CEUX QUI N'ATTENDENT PLUS RIEN
DE LEURS SEMBLABLES
J'offre une combinaison magnifique !
Pas d'hésitation possible !
Venez à mes bureaux
de Torning-Square, 17.
Je reçois de sept à dix le soir.

PLOUF FAKELOC.

Les hommes-sandwich venaient de tourner et de s'engager sur un boulevard. Lucien consulta sa montre.

— Onze heures, dit-il. Je remets mon suicide à plus tard. Il faut que j'aille chez ce Fakeloc et que je tâte de sa combinaison ! Si c'est sérieux, je marche ! Dans le cas contraire, je défonce la caboche du fumiste avant d'écrabouiller la mienne !

CHAPITRE II

NE PAS CONFONDRE !...

La porte de la véranda de la coquette villa que sir Welley possédait dans la banlieue de Cardiff s'ouvrit et une gracieuse jeune fille entra...

— Maud ! s'écria-t-elle, vous préparerez le thé et les gâteaux ! J'ai joué au golf comme une petite enragée et je me sens une faim de loup !... Ouf ! qu'il fait bon s'asseoir !

Et miss Fany Welley, la fille du banquier déjà entrevu dans le salon d'attente de son établissement de Bower-street, Fany Welley ôta le béret dont elle était coiffée, se renversa dans un rocking-chair, attendit gravement le thé et les gâteaux secs qui ne tardèrent d'ailleurs pas à arriver.

— Maman n'est pas ici ? demanda la jeune fille.

— Mrs. Welley est en ville et retournera bientôt, répondit Maud, la femme de chambre. Je crois même, mademoiselle, que j'entends rouler le mail-coach sur le sable de la grande allée...

Une sorte de grondement continu et de seconde en seconde plus précis, parvenait en effet aux oreilles de Fany et la servante. Moins d'une demi-heure après, la voix de Mrs. Welley résonna sous la véranda.

— Je me sauve, dit Maud ; madame va certainement avoir besoin de moi. Vous avez assez de beurre, mademoiselle ?

Fany répondit affirmativement. Elle en était à ses derniers gâteaux, quand la porte de la véranda s'ouvrit de nouveau... William, le vieux domestique en livrée parut. Le visage de la jeune fille s'éclaira d'un bon sourire. Elle aimait William qu'elle avait toujours vu dans la maison et qui lui rendait sincèrement l'affection qu'elle lui portait. Il s'approcha de sa jeune maîtresse sur la pointe des pieds, comme s'il n'avait pas voulu qu'on l'entendît du dehors. Puis, à mi-voix :

— Devinez, mademoiselle, qui j'ai vu, aujourd'hui ?

Fany eut une mimique qui signifiait : « Comment voulez-vous que je devine ? »

Et, tout haut :

— La flèche de l'église Saint-Patrick, peut-être ?

— Ce n'est pas quelqu'un, cela ! fit William. Tenez, ne cherchez pas... Je vous le donnerais en mille que vous ne trouveriez point... Vous souvenez-vous de Royan, et des parties de tennis que vous organisiez avec miss Blington et un ingénieur...

— Lucien Bérieux ? s'écria vivement Fany. Serait-ce lui que vous auriez rencontré à Cardiff ?

— Justement !

— Quelle chance ! irradia la jeune miss Welley. Il viendra nous voir !... Je ne connais pas de jeune homme qui me plaise davantage. Il est gai, loyal au jeu... Il est de première force au tennis et à la boxe... Un vrai sportsman, un brave et bon garçon qui a toute ma sympathie... Où l'avez-vous vu ?

— Chut ! pas si haut, mademoiselle ! Je ne suis pas chargé de vous le dire ; mais enfin, sachez que M. Bérieux est venu parler à M. votre père à son bureau de Bower-street... On vient... Je m'esquive...

Le bon William n'avait disparu que depuis quelques secondes lorsque sir Welley pénétra par le côté opposé de celui vers lequel s'était précipité le domestique.

— Bonsoir, ma fille bien-aimée, dit le banquier en embrassant Fany au front. J'ai à te parler de choses sérieuses et je ne veux pas différer l'entretien plus longtemps. Tu es grande et raisonnable, tu entres dans ta dix-neuvième année et j'ai fait jusqu'ici la sourde oreille aux demandes en mariage qui me sont venues des quatre coins de l'horizon. Aujourd'hui, il n'en va plus de même... Un jeune homme est venu me voir...

— Ah ! mon père ! fit miss Fany, vous avez donc une telle hâte de vous séparer de moi ? Et si je voulais demeurer célibataire ?

— Tu me ferais de la peine, répondit sir Welley.

— Alors, je vous obéirai !

— A la bonne heure !... Le jeune homme, d'ailleurs, a tout ce qu'il faut pour que nous soyons honorés de la démarche qu'il a tentée lui-même, car il est orphelin de père et de mère...

— Oui, fit étourdiment la jeune fille. Un grand ? yeux marrons et moustache châtaine ?

— Très bien !... Je n'ai pas vu la couleur des yeux, mais pour la moustache, c'est cela... Ce serait cela, plutôt, s'il portait la moustache... Il l'a rasée... Belle prestance, du sérieux et par-dessus tout, de la fortune que son tuteur a su gérer fort intelligemment. Je vois que je n'aurai pas besoin de plaider longtemps pour te convertir

— Devinez, Mademoiselle, qui j'ai vu aujourd'hui ?

à ma manière de penser... Heureux les pères qui, comme moi, n'ont pas à discuter avec leurs enfants au sujet de leur avenir ! Ainsi, acceptes-tu ?

— Je vous ai dit que j'obéirai pour vous être agréable, mon père.

— Je ferai donc dire à Harry Melson qu'il est agréé, articula le banquier. Car j'ai réservé ma réponse pour la forme, quoique, dans le fond, je sois résolu à prendre Harry pour gendre !

— Harry Melson ! s'exclama Fany, devenue soudain aussi blanche qu'un linge.

— Sous-lieutenant aux horse-guards, ma chère enfant ; officier de l'armée britannique...

La jeune fille, depuis un court instant, était dans l'impossibilité d'entendre ce que disait son père. Elle venait de fermer les yeux et de s'évanouir... Le banquier sonna... William accourut...

— Mon Dieu ! s'effraya-t-il en apercevant Fany renversée dans la chaise d'osier, fermant les yeux et ouvrant la bouche. Que se passe-t-il, monsieur ?

— Ce n'est rien ; c'est le bonheur, dit sir Welley. Appelez Maud et qu'on aille chercher des sels... J'aurais dû m'y prendre avec plus de ménagements, aussi ! Cette petite est douée d'une sensibilité extrême... La joie l'a frappée autant que l'aurait fait une mauvaise nouvelle ! Quand Fany sera tirée de sa syncope, vous viendrez dans mon appartement... Je vous chargerai d'une lettre que vous irez mettre à la porte.

— Bien, monsieur, articula William.

. . . .

Lucien Bérieux, après sa rencontre avec les hommes-sandwichs, redevint d'une gaîté dont il s'étonna lui-même. Rien de tel pour combattre la dépression morale comme d'avoir un but. Le but du jeune Français, on le sait, était d'attendre que l'heure fût venue d'aller à l'adresse indiquée par l'affiche. Désespéré il était, désespéré il restait ; mais son désespoir prenait une allure humoristique qui mettait une sorte de charme à la situation de notre héros. Il stupéfia Philibert à l'hôtel où il revint pour déjeuner. Le domestique se permit de hasarder :

— Les actions remontent, n'est-ce pas, monsieur ?... Nous ne nous tuerons pas encore ?

— Je n'ai point changé d'intention ! dit Lucien.

Le brave Philibert dut s'avouer à lui-même qu'il ne comprenait absolument rien au changement apparent d'humeur de son maître.

— A moins, ajouta-t-il tout bas, que ce pauvre monsieur ne devienne fou. Voilà qu'il sourit maintenant !

Bérieux, dès qu'il eût achevé son repas, se fit apporter tous les journaux parus dans la région et il s'enferma dans sa chambre pour les lire. Il n'en ressortit que le soir, mangea de nouveau et sortit.

— Ne m'attends pas pour te coucher, dit-il à Philibert au moment où il franchissait le seuil du Sky-hotel.

Le domestique marmotta des paroles inintelligibles tandis que Lucien s'éloignait à grandes enjambées. On a déjà deviné qu'il allait tout droit au numéro 17 de Torning-Square, où, si l'on en croyait l'affiche, se trouvaient les bureaux du nommé Plouf Fakeloc.

Cette adresse corespondait à un immeuble rechigné, d'apparence presque sordide, dont toutes les fenêtres étaient closes bien que la nuit ne fût pas encore venue. Une porte basse et massive renforcée de gros clous était munie d'un lourd marteau probablement plusieurs fois centenaire. Nulle inscription sur la porte ; pas la moindre plaque ; Lucien se demanda s'il ne se trompait pas... Il frappa par trois fois et attendit...

Quinze secondes s'écoulèrent... Bérieux, désappointé, allait se retirer, lorsque la porte tourna sur ses gonds. Une petite vieille édentée aux cheveux rares lui dit :

— C'est pour la réclame ?

— Oui, répondit l'ingénieur.

— Alors, entrez, longez le couloir, et ouvrez sans frapper la porte à droite au fond.

Bérieux suivit ces indications de point en point. Il faisait noir dans le couloir autant que dans un four éteint et le jeune homme dut tâtonner pour trouver le loquet de la porte. Il poussa celle-ci et reçut en plein visage un flot de lumière crue... Une lampe à acétylène éclairait violemment un local bas de plafond dans lequel luisaient des yeux... Ce ne fut qu'au bout d'un instant et après avoir refermé la porte que le nouveau venu s'aperçut que la pièce contenait des gens en chair et en os... Ils étaient assis sur des bancs disposés le long des cloisons et gardaient le silence. Ils étaient vêtus misérablement pour la plupart et leurs hardes répandaient une odeur nauséabonde. Leur aspect était celui des parfaits désespérés, et Bérieux crut comprendre que c'étaient là des personnages attirés, comme lui-même, par l'affiche promenée aux quatre coins de la ville.

Lucien lut sur les visages de ces gens un étonnement. Ils se demandaient sans doute quelle raison pouvait pousser ce gentleman bien mis à se déclarer las de la vie. Il éprouva une gêne et fut sur le point de battre en retraite. Mais la vieille de tout à l'heure venait de paraître.

— Au premier de ces messieurs ! dit-elle.

Un loqueteux se leva, disparut à la suite de la vieille et ne revint plus. La vieille, par contre, de dix minutes en dix minutes, montrait son museau parcheminé pour réclamer « le premier de ces messieurs ». Le tour de Lucien arriva vers neuf heures et demie.

— Enfin ! soupira-t-il ; je vais savoir !

La vieille l'avait pris par la main et le conduisait dans les ténèbres redevenues opaques. Elle lui fit monter un escalier à tâtons, et l'introduisit dans une chambre pourvue d'une table et de deux chaises. L'une de ces chaises était occupée par un homme qu'on devinait de petite taille et aussi large que haut. Il était entièrement chauve, rubicond au possible, ne possédait ni moustache, ni barbe, ni cils, et fumait une immense bouffarde à tuyau très court.

Il fit signe à Lucien de s'asseoir. Il avait devant lui, en plus d'un pot à tabac, un gros livre, un porte-plume et un encrier. Il tira de sa pipe trois bouffées rapprochées et fournies et demanda, d'une voix de fausset :

— Votre nom ?

— Monsieur, dit Bérieux, j'ai lu l'affiche que vous avez fait promener dans Cardiff, et une curiosité...

— Ah ! ce n'est qu'une curiosité ? fit l'homme sans cesser de mordre le court tuyau de sa pipe. Vous n'êtes donc pas désespéré ?

— Je le suis ! Je le suis plus que quiconque ! assura l'ingénieur.

— Très bien ! dit l'homme en se penchant sur le gros livre. Votre nom ?

— Mais...

— Vous n'avez pas de nom... Bien ! Votre prénom ?

— Anasthase ! cria Bérieux agacé.

— Vous êtes marié ?

— Quoi ?

— Pas marié... C'est bon !... Aimez-vous les légumes secs ?

— Ah çà ! suffoqua le visiteur.

— Il les aime ! articula le personnage sans se départir du sérieux qu'il avait depuis le début de l'entretien. D'ailleurs tous ceux qui vous ont précédé les aiment aussi. Avez-vous un par-dessus imperméable ?

— Vous êtes loufoque ! dit Bérieux.

— Pas de pardessus imperméable, inscrivit l'homme à la pipe. Inutile de vous demander si vous possédez des lunettes fumées.

— Eh bien ! c'est ce qui vous trompe ! regimba Lucien. J'en ai ! Elles ne sont cependant pas assez noires pour m'empêcher de vous voir tel que vous êtes, c'est-à-dire privé de tout bon sens, monsieur Plouf Fakeloc. Votre nom aurait dû m'indiquer que vous n'étiez pas un homme à prendre au sérieux...

— M. Plouf Fakeloc n'est pas ici, articula le personnage sans s'émouvoir de la brusque sortie de Bérieux. M. Plouf Fakeloc est à plus de quatre mille kilomètres d'ici, et je suis, moi, sir Mac Ferwell.

— Ah ! dit Lucien.

— J'ai oublié de vous prier de m'indiquer votre profession.

— Pour ce que vous en ferez !... Je suis ingénieur.

— Mais c'est magnifique ! s'échauffa le petit homme. Pas marié et ingénieur ! M. Fakeloc sera enchanté !... Il est bien entendu que vous êtes dégoûté de l'existence ?... Veuillez signer ceci, cher monsieur Anasthase...

Le personnage à la bouffarde tendait à Bérieux une feuille de papier gris qu'il venait de tirer du gros livre.

— Qu'est-ce ? s'informa le jeune homme qui commençait à s'intéresser aux faits et gestes de son interlocuteur.

— Le reçu de la somme de deux mille francs qu'on vous versera à votre arrivée là-bas.

— Hein ? Où ça, là-bas ?

— Et signez encore ceci. (Le petit homme tendait une seconde feuille de papier plus grande que la première.) C'est l'engagement de fidélité à M. Plouf Fakeloc pour une période de dix ans.

— Mais, dites-moi au moins quel est ce M. Fakeloc et ce qu'il fait, implora Lucien.

— Je vois, monsieur, que vous n'êtes pas un vrai désespéré, dit Mac Ferwell d'un ton froid. Qu'avez-vous à perdre à vous confier à nous, si vous n'attendez rien de la vie ? Signez ou partez, pas de milieu !

— Vous m'hypnotisez, ma parole ! fit Bérieux. Je vous jure que c'est par curiosité pure de ma part, mais que, jusqu'à plus ample informé, je vous considère comme atteint de folie. Donnez-moi le porte-plume...

Le personnage s'empressa de déférer à la demande du jeune homme. Celui-ci signa tout ce que l'on voulut.

— C'est parfait ! sourit alors Mac Ferwell. Maintenant, ouvrez l'oreille.

CHAPITRE III

OUVREZ L'OREILLE !...

Ce petit drôle de M. Mac Ferwell garda un instant le silence et tira une demi-douzaine de bouffées de sa pipe courte et volumineuse. On eût dit qu'il voulait que les paroles qu'il allait prononcer pénétrassent jusqu'au fond de l'entendement de son interlocuteur et qu'il se recueillait avant de les prononcer. Lucien bouillait d'impatiente curiosité.

— J'ouvre l'oreille autant que faire se peut, monsieur, articula-t-il. Je vous écoute avec une avidité grandissime.

— Je l'entends bien ainsi, fit Mac Ferwell. Je vous conseillerai même, si vous avez mauvaise mémoire, de prendre par écrit les renseignements que je vais vous donner. Vous n'en faites rien ? A votre aise...

« Premièrement, vous appartenez à partir de ce soir, *à l'équipe numéro 4 de l'Usine infernale.* »

— Brr ! fit Bérieux. Que fabrique-t-on dans cette usine-là ?

— Secondement, poursuivit Ferwell, vous ne manquerez point de vous trouver lundi prochain, à six heures du soir, sur le quai sud du havre des paquebots longs-courriers. Je dis lundi soir à six heures, c'est-à-dire dans trois jours. Apportez vos lunettes fumées et tel bagage qu'il vous plaira. Vous vous embarquerez sur le *Bélouchistan.*

— A destination de quelle ville ? questionna l'ingénieur.

— Vous franchirez la passerelle après que le dernier coup de six heures aura sonné, articula imperturbablement le petit homme à la bouffarde. Pas avant... Un contrôleur vous demandera votre billet à la coupée... Comme vous n'aurez pas de billet, vous direz simplement Fakeloc et vous passerez aussi librement que si vous aviez payé comme un voyageur ordinaire. Détail qui vous fera plaisir : étant donné votre profession et l'estime en laquelle M. Plouf tient les hommes de valeur comme vous, vous aurez une cabine de première classe.

Lucien s'inclina.

— Maintenant et surtout, retenez bien que votre présence lundi à l'endroit que je viens de vous indiquer est indispensable. Il vous en coûterait cher de ne pas vous trouver au rendez-vous. Je compte, en outre, que vous saurez garder la discrétion convenable. Les gens de Cardiff n'ont pas besoin de savoir ce que vous faites ni où vous allez.

— Mais, protesta Bérieux, je n'en sais rien moi-même ! Vous ne m'avez pas répondu quand je vous ai prié de me dire ce que cette usine...

Une pendule sonna à ce moment derrière l'ingénieur. Mac Ferwell se leva.

— Regret de vous renvoyer, monsieur Anasthase, dit-il, mais je ne reçois que de sept à dix... La séance est terminée, comme dit le constable de Storm-Mill. Je vous autorise à m'offrir un verre de whisky au café le plus proche de la maison, à rentrer chez vous directement si ma compagnie vous déplaît... Mais, par la Saint-Crown Church, vous ne me ferez plus parler de notre affaire !

— Le diable soit avec vous ! pesta Lucien.

— Il y est, monsieur Anasthase ! Il y est ! sourit Ferwell. Je ne me trompe pas en vous affirmant que Plouf Fakeloc est le diable en personne. Ou plus exactement, un super-diable dont la planète aura des nouvelles avant longtemps. Je devine que vous n'aimez pas le whisky... Alors, bonne nuit... Et à lundi soir...

Bérieux, encore abasourdi de l'étrange conversation qu'il venait d'avoir et des signatures qu'il avait données sous l'empire de la curiosité autant que du désespoir, se retira à tâtons, faillit se rompre les jambes dans l'escalier, longea le couloir déjà connu des lecteurs et ouvrit comme il put la porte aux gros clous. Comme il s'élançait pour traverser à grandes enjambées le Torning-Square qu'éclairaient assez faiblement les becs de gaz, il se heurta à un homme et lui demanda pardon.

— Vous, monsieur ! ce n'est pas trop tôt ! fit la voix de Philibert. Il y a une éternité que je peste contre la maison moisie que voici et la vieille qui sert de portière !... J'ai quelque chose à vous remettre... C'est arrivé à l'hôtel une demi-minute après votre départ... Je vous ai suivi de loin, mais vous marchiez si vite que je n'ai pas pu vous rejoindre... Il est vrai que je vous ai perdu de vue sur le boulevard et que j'ai erré... Cependant, je vous avais vu entrer ici... J'ai frappé, je vous ai demandé... La vieille harpie m'a refermé la porte au nez en riant de toutes ses gencives... Je croyais que vous n'en finiriez plus ou qu'on vous égorgeait dans cette casbah de malheur ! Enfin, voici deux lettres...

Le domestique tendait à son maître deux rectangles de papier d'inégale surface et de couleur différente. A la lueur d'un réverbère, le jeune homme reconnut l'écriture de son oncle. Il frémit, rompit l'enveloppe. La lettre était datée de Saint-Nazaire.

« Mon cher neveu, disait Arthur d'Ingrandes, je souhaite que cette confession te parvienne avant que les journaux ne se soient occupés de moi, car ils ne vont pas manquer de s'en occuper. Je suis ruiné. Prends ton courage à deux mains et regarde le malheur en face. Ruiné. Spéculations maladroites et imprévoyance. Tu vois que je ne plaide pas les circonstances atténuantes. Je me repens avec amertume de n'avoir pas su m'arrêter à temps sur la pente du jeu, car je fais ton malheur en même temps que le mien. Je ne te dis pas où je vais. Je te donne seulement l'assurance que je ne me tuerai pas et que je ferai le possible et l'impossible pour me réhabiliter à tes yeux, aux miens et à ceux de mes concitoyens.

« Je t'embrasse bien affectueusement.

« Ton oncle repentant, mais qui réparera ou qu'on ne reverra plus jamais. « ARTHUR D'INGRANDES. »

— Que n'ai-je reçu cette missive avant mon départ pour Cardiff ! murmura Lucien. Je me serais embarqué tout de même, à n'en pas douter, et j'aurais dit à mon oncle d'attendre la réponse de sir Welley avant de fuir la France... Il aurait pu, comme moi, s'enrôler dans l'équipage numéro 4, de l'usine infernale ! Ensemble, nous eussions vécu l'aventure mystérieuse.

— Hein ? s'écria Philibert ; de quelle usine s'agit-il ?

— Je n'en sais rien, fit Bérieux. Je suis idiot, idiot ! Mais une force incalculable me pousse vers l'inconnu... Voyons la deuxième histoire...

Il décacheta la seconde enveloppe, tira une feuille de papier satiné et, dès les premiers mots qu'il lut, sursauta... L'épître était ainsi conçue :

« Cher Lucien Bérieux, c'est Fany Welley qui vous écrit. Elle n'aurait jamais eu cette hardiesse, si un domestique qui m'est tout dévoué et que vous connaissez bien, William, ne m'avait dit qu'il vous avait vu à Bower-street et qu'il vous avait entendu demander ma main à mon père. William écoutait derrière la porte.

« Mon père a dit non parce qu'il veut me donner pour époux un sous-lieutenant de horse-guards qui me déplaît, Harry Melson. Je suis malheureuse de cette décision et le serais davantage encore si je la croyais irrévocable. Mais mon père ne peut vouloir mon malheur. Venez donc à la maison et parlez à ma mère. Mistress Welley vous accordera sa bienveillance, je crois. Je ne me résignerai à devenir Mrs. Melson que lorsqu'il sera démontré que mon père est inflexible.

« Fany vous souhaite du courage et de l'éloquence. »

Après qu'il eut parcouru des yeux les lignes qu'on vient de lire, Lucien poussa une sorte de rugissement.

— Devenir Mrs. Melson !... Fany a raison !... Sa lettre m'infuse une énergie que je ne me connaissais pas !... Philibert, mon ami, un champ nouveau s'ouvre à notre activité !... Harry Melson !... Ah ! mais non !...

— Bravo ! fit le valet de chambre. J'aime à vous voir dans ces dispositions, monsieur !

— Où donc habite ce Melson, que je coure chez lui !

— Il est presque dix heures et demie, monsieur, fit remarquer Philibert. Peut-être pourrions-nous remettre à demain...

— Eh ! il le faut bien ! soupira Bérieux. Mais que je tombe foudroyé si demain je ne remue pas ciel et terre pour découvrir le sous-lieutenant de horse-guards !... Fany se trompe quand elle préconise une visite à Mrs. Welley... C'est à Melson qu'il faut parler tout d'abord !...

L'ingénieur et son fidèle valet rentrèrent à l'hôtel. Le lendemain, de bon matin, Lucien se mit en quête de Harry. Une série de recherches le conduisirent, dans l'après-midi, au terrain de manœuvre où des cavaliers évoluaient en soulevant de la poussière. Melson devait figurer parmi eux et il y figurait en effet. C'était un personnage corpulent, aux petits yeux enfoncés dans une tête énorme, qui laissait voir entre le casque et les tempes deux touffes de cheveux rouges. Lucien attendit la fin de l'exercice, suivit le peloton jusqu'à la caserne qui n'était pas beaucoup plus éloignée et fit demander Melson au corps de garde.

Le gros sous-lieutenant arriva bientôt et ne put dissimuler un regard d'étonnement en voyant que c'était un gentleman qu'il ne connaissait pas qui voulait lui parler.

— Monsieur Melson, commença Bérieux après avoir salué d'un bref mouvement de tête, je viens vous entretenir d'une chose délicate. Vous êtes un homme d'honneur, je n'en doute pas...

— Et vous faites bien de n'en pas douter ! dit Melson d'un ton bourru. Qu'y a-t-il ?

— Veuillez venir un peu à l'écart... Nul n'a besoin de nous entendre...

— Oh ! oh !... C'est donc bien grave ?

Les deux interlocuteurs s'éloignè-

Il fit signe à Lucien de s'asseoir.

rent de quelques pas. Dès qu'ils furent suffisamment éloignés :

— Admettez-vous, dit Lucien, qu'un gentleman épouse une jeune fille contre la volonté de celle-ci ?

Harry fronça le sourcil.

— Qui vous a chargé de me poser de tels problèmes de conscience ? demanda-t-il.

— Miss Fany Welley, avoua carrément l'ingénieur.

— Ah ! ah !... Elle ne veut pas de moi pour mari, peut-être ?

— Vous parlez comme un livre, sourit Lucien.

— Tiens ! tiens...

— Je me hâte de vous dire qu'elle ne m'a pas chargé de vous en informer... Mais j'ai pensé qu'il valait mieux vous mettre au courant... Quel est votre sentiment, là-dessus ?...

— Mon sentiment est net, fit Melson. Fanny est une petite sotte ; elle portera mon nom ; c'est décidé entre son père et moi. Quant à vous, mon petit bonhomme, vous méritez une récompense pour tant d'ardeur à défendre la vertu... Tenez !...

Avant que Bérieux eût pu se garer, Melson lui avait envoyé en plein visage une gifle retentissante. L'ingénieur en vit d'abord trente-six chandelles. Puis une indignation grandissime s'empara de lui.

— Vous me rendrez raison de cet outrage ! dit-il. C'est vous qui méritez une bonne leçon et qui la recevrez !... Vous m'avez frappé !

— Yes ! dit Harry.

— Offensé dans ma dignité !... je vous enverrai mes témoins !...

— Inutile !... C'est boxer que vous voulez ?

— Non, non !... vous faire une jolie saignée, monsieur le butor ! Je suis l'offensé... J'aurai le choix des armes... Je prendrai l'épée de combat !... Vous recevrez mes témoins !... J'habite le Sky-hotel... Donnez-moi votre adresse ! Voici ma carte !...

— Eh ! je n'ai que faire de tant de choses ! dit Melson. Des témoins ? de la galerie ? Pourquoi ? Je ne vous crains pas ! Je serai votre homme quand vous voudrez ! Nous nous battrons les yeux dans les yeux et je vous enverrai tout doucement au pays des ombres ! Pas demain, parce que je dois voir Mrs. Welley et Fany, justement ; mais après-demain à la sortie de la manœuvre... Au carrefour Boot-Root, si cela vous va... J'apporterai les épées et nous tirerons au sort.

— Entendu ! acquiesça Bérieux. Et combat jusqu'à résultat, c'est-à-dire jusqu'à ce que l'un de nous deux tombe.

— Yes, c'est ainsi que je l'entends... Je ne me dérange pas pour les bagatelles.

Lucien tourna les talons brusquement et s'en fut à l'hôtel. Il dit à Philibert :

— Va m'acheter une épée, vite !

— Pour vous tuer ? s'effraya le domestique.

— Non ! pour en découdre avec quelqu'un !

Dès qu'il fut en possession de l'arme, Bérieux se mit à l'ouvrage. Il voulait s'entraîner consciencieusement pour augmenter ses chances de victoire. Pendant des heures et des heures, il multiplia les gardes, les « fendez-vous », les parades savantes. Sa rage s'augmentait au fur et à mesure que s'approchait le moment de la rencontre.

A l'heure convenue, le jeune homme sortit, se dirigea vers le carrefour que lui avait désigné Harry Melson. Le sous-lieutenant y arriva en même temps que son adversaire. Il avait, selon sa promesse, apporté deux épées de combat.

Le lieu était désert et tout à fait propice au genre de sport auquel allaient se livrer les deux antagonistes. Ils marchèrent vers une garenne qui les abriterait encore mieux des regards des curieux s'il venait à en passer par là. Puis, ayant en main chacun une épée, sans mot ils, tombèrent en garde...

Ils avaient tracé sur le terrain deux lignes parallèles qui marquaient les limites du champ clos. Nul ne pouvait reculer plus loin que la ligne qu'il avait derrière soi sans s'avouer déshonoré.

On voit qu'il s'agissait d'un duel sérieux.

Déjà, ils avaient croisé le fer et ils balançaient sur leurs jambes ployées, se tâtant du regard et de la pointe, quand Melson se releva brusquement.

Il fixait quelque chose qui devait être étrange si l'on en jugeait par l'espèce de stupéfaction qui se lisait dans ses yeux.

Un piétinement précipité retentissait dans le dos de Bérieux.

Il se retourna et frémit...

Quatre hommes vêtus de noir et barbouillés également de noir arrivaient en courant. Les rayons du soleil couchant se jouaient sur leurs silhouettes dansantes...

Ils se jetèrent sur l'ingénieur, le maintinrent, car il se débattait, le désarmèrent, le soulevèrent comme une plume, l'emportèrent en courant comme ils étaient venus.

Melson éclata de rire, tant la chose lui paraissait bouffonne. Il vit entre les arbres de la garenne, une voiture fermée qui attendait...

CHAPITRE IV

DES MUETS QUI NE SONT PAS SOURDS

Les hommes noirs étaient d'une force peu commune, à en juger par la facilité avec laquelle ils transportaient Lucien sans cesser de courir. Le jeune homme, entre deux cahots, lançait des protestations dont les personnages couleur de nuit n'avaient nullement l'air de s'émouvoir.

Une voiture se tenait, on le sait déjà, derrière les arbres de la garenne. C'était un cab fermé, sur le siège duquel un cocher se tenait roide et en apparence indifférente à cette scène rapide et mouvementée. La portière du cab étant ouverte, les hommes noirs engouffrèrent leur prisonnier dans la voiture et entrèrent eux-mêmes ensuite. Le manque de place faisait qu'ils se serraient les uns contre les autres de la meilleure grâce du monde. Le cab démarra et roula avec célérité vers Cardiff.

Bérieux, tout étourdi qu'il était de l'aventure, avait cependant conservé assez de sang-froid pour observer les gens qui venaient de s'emparer de sa personne. Il leur trouvait des mines patibulaires et se demandait, le rire de Melson aidant, si ce n'étaient pas là des comparses du sous-lieutenant et si celui-ci n'avait pas voulu se divertir aux dépens d'un adversaire. L'ingénieur résolut d'en avoir le cœur net.

— Messieurs, dit-il, vous avez joué votre rôle à merveille. Je ne sais combien mon ennemi vous a payé pour une telle besogne, mais vous êtes des gens d'action ! Je vous admire et ne vous en veux point. Avouez que Harry Melson avait réglé ce scénario et qu'il se propose de me ridiculiser aux yeux des citoyens de Cardiff !

Les hommes, tandis que le jeune homme parlait, s'étaient consultés du regard. Ils ne répondirent pas une syllabe aux questions que Bérieux leur posait... Ils avaient entendu, cela ne faisait aucun doute.

— Si j'avais de l'argent, je vous comblerais de libéralités pour vous décider à ouvrir la bouche, dit Lucien. Mais je suis ruiné... Je fais appel à votre franchise ! Voyons, messieurs, parlez !... Qui vous envoie, et où me conduisez-vous ?

Les hommes vêtus et barbouillés de noir ne se départirent pas de leur mutisme.

— Ils ont la langue coupée ! se désespéra Bérieux. Ce Melson a embauché des sourds-muets par excès de précaution ! Je reconnais bien là le personnage capable de répondre par un soufflet à une honnête prière d'explications !

Les hommes du cab secouèrent ensemble la tête négativement.

— Je vois bien que vous voulez dire non, fit Lucien. Mais non quoi ?... Vous n'êtes pas des agents de Melson ?

De nouveau, les hommes secouèrent la tête. L'un d'eux, celui qui se trouvait en face de l'ingénieur, se fouilla, tira de sa poche un objet qu'il mit sous le nez du prisonnier... C'était un calendrier mobile marquant : lundi 17 octobre.

— Eh bien, oui, je sais cela !

L'homme rengainait déjà son calendrier. Mais le personnage placé à droite de Bérieux se fouillait à son tour... Il atteignit une montre, la plaça devant Lucien. Les aiguilles marquaient six heures et demie.

— Votre montre a l'air de bien marcher, concéda Bérieux. Mais je...

Il s'arrêta pour observer le troisième homme noir qui se fouillait, ainsi que l'avaient fait les deux autres. Qu'allait-il sortir de sa poche, celui-là ? Le prisonnier ne tarda pas à le savoir, et il fut bien étonné en voyant un petit bateau de tôle peinte, un jouet d'enfant acheté sans doute dans quelque bazar. La vue de ce bateau en miniature fit faire la grimace à Lucien.

— Fichtre ! dit-il comme s'il se parlait à lui-même ; et le *Bélouchistan* que j'oubliais !

Le quatrième masqué, qui était resté jusqu'à ce moment immobile, ne voulut pas ne point participer à la réponse commencée par les autres. Il tira de sa poche une plaque de carton sur laquelle se détachaient deux initiales : P. F.

— Plouf Fakeloc ! s'exclama aussitôt Bérieux. Et moi qui, depuis quarante-huit heures et plus, ne songeais qu'à mon duel !... Plouf Fakeloc ! Mac Ferwell ! le bateau ! le quai ! les signatures ! le départ !...

Les quatre hommes eurent un rire silencieux. De toute évidence, ils étaient au courant de la situation de l'ingénieur... Le cab entrait dans Cardiff et traversait des rues et des carrefours. Il stoppa bientôt en un endroit où s'entassaient toutes sortes de marchandises. Bérieux reconnut le quai du havre des paquebots longs-courriers.

Ce fut d'un pas de somnambule, qu'il se dirigea vers le *Bélouchistan* dont la masse imposante dominait le chaos de ballots, de tas de charbon, d'instruments agricoles qui jonchaient la chaussée. Il s'engagea sur la passerelle, gravit celle-ci et trouva à la coupée Mac Ferwell en personne.

Le petit homme avait toujours la pipe vissée aux lèvres et il en tirait bouffée sur bouffée. A la vue de Bérieux, il eut une mimique goguenarde.

— Mes excuses, bafouilla Lucien, je viens de la banlieue pour une chose qui... que...

— Parce que mes agents sont allés vous cueillir, je sais, dit Ferwell. Ils vous avaient pris en filature depuis de longues heures. Je me doutais, voyez-vous, que vous auriez la tentation de flancher au dernier moment. Or, vous nous êtes trop précieux pour que nous vous lâchions, monsieur Anasthase ! Je suis heureux de vous souhaiter bon voyage ! Mes hommages à M. Plouf Fakeloc, quand vous serez admis à l'honneur de le voir !

— Merci, merci beaucoup, bredouilla l'ingénieur qui ne savait décidément plus quelle contenance avoir devant le lieutenant de l'usinier mystérieux. Vous seriez bien aimable de faire prévenir mon domestique Philibert, au Sky-hotel, de mon départ un peu précipité...

Mais Mac Ferwell venait de tourner les talons et de s'engager sur la passerelle pour regagner la terre. Bérieux vit le personnage replet se dandiner sur ses jambes trop courtes et se perdre dans la foule des curieux attirés par le spectacle toujours intéressant d'un paquebot qui lève l'ancre. Quelqu'un touchait à ce moment Lucien à l'épaule... Il fit volte-face et aperçut un marin qui lui souriait obséquieusement.

— Sir Anasthase, dit le matelot, je suis chargé de vous conduire à votre cabine...

— Parfait ; je vous suis, articula Bérieux.

Deux minutes plus tard, alors que le navire commençait à trépider sous l'effet des hélices mises en mouvement, Lucien pénétrait dans la cabine de première classe qui avait été retenue pour lui. Il poussa un cri de stupeur joyeuse :

— Philibert !...

— Eh ! oui, monsieur, dit le domestique, je suis du voyage !

— Comment, du voyage !... Qui t'a dit que je me trouvais ici, d'abord ?

— Oh ! ça n'a pas été bien difficile à deviner, monsieur !... J'ai vu dans les rues les affiches collées sur le ventre et sur le dos des hommes, vous savez ?... L'adresse marquée sur les pancartes m'a fait loucher, parce qu'elle correspondait à celle de la maison où j'étais allé vous attendre pour vous remettre les deux lettres... Je suis entré cette fois, j'ai vu le petit monsieur à la pipe qui m'a fait signer un engagement aussi. Voilà !... J'oublie d'ajouter que le petit monsieur, quand il a su que j'étais votre valet de chambre, a donné des ordres pour qu'on ne me sépare pas de vous. Je ne voulais pas vous quitter, moi, monsieur ! J'irai avec vous jusqu'au bout du monde s'il le faut. Je ne suis heureux que lorsque je brosse vos habits, que lorsque je cire vos chaussures !

— Brave Philibert ! dit Lucien sans pouvoir se défendre d'une émotion intense.

— Il n'y a qu'une chose qui me turlupine, monsieur, dit le domestique. Nous nous embarquons, c'est un fait. Mais pour où ?

— Ah ! voilà le hic ! sourit mélancoliquement Bérieux. Je n'en sais pas plus que toi sur ce chapitre... Je joue de malheur, Philibert ! C'est au moment où j'aurais de fortes raisons de demeurer à Cardiff, qu'il me faut m'éloigner !... Car je ne puis pas rester !... Les hommes noirs !... Le cab ! Le calendrier !... La montre !... Les initiales !... Adieu, miss Fany !... J'ai envie de pleurer et de mordre tout à la fois !

— Mon pauvre maître a perdu la raison ! se dit Philibert.

Et, tout haut :

— Vous mordrez dans le pain, monsieur. L'heure du souper ne va pas tarder à sonner... Je me suis déjà renseigné ; c'est à huit heures.

Le *Bélouchistan* mugissait de toute la puissance de sa sirène pour annoncer qu'il sortait du port. Bérieux, qui éprouvait comme un arrachement moral, répéta tout bas :

— Adieu, miss Fany.

Et il baissa la tête.

***

Au moment précis où le jeune homme prononçait le nom de la fille de sir Welley, celle-ci songeait à Bérieux et se demandait pourquoi il n'avait point paru à la maison ainsi qu'elle l'en avait prié par lettre.

— Le pauvre garçon n'aura peut-être pas reçu ma missive, se dit-elle. Il est fier... Le refus de mon père l'aura piqué et il se sera éloigné de Cardiff sans plus attendre ! Mais je voudrais bien être fixée sur ce point !

William, le vieux domestique, passait dans le parc, lentement, ainsi qu'il le faisait quand il était désœuvré. Fany l'appela à mi-voix, lui fit signe d'approcher.

— Vous avez bien mis à la poste ma lettre de l'autre jour ? demanda-t-elle.

William répondit affirmativement.

— Alors, poursuivit Fany, je vais avoir encore recours à vos bons offices... Vous devriez aller au Sky-hotel vous enquérir discrètement de la santé de M. Lucien Bérieux. Cette démarche n'a rien que d'honorable ; je voudrais toutefois que mon père n'en fût point averti. Vous savez qu'il ne jure plus, présentement, que par Harry Melson et qu'il en arrive à négliger les meilleurs amis de la famille.

— Dans une demi-heure, j'aurai effectué la course, assura William. Et je vous prie de croire que si je rencontrais sir Welley en chemin et qu'il me demandât où je vais, je n'hésiterais pas à le lui dire. Il était le premier, à Royan, à me charger de missions semblables quand M. Bérieux tardait à lui rendre visite...

William, sur ces mots, quitta la maison du banquier et s'en fut droit au Sky-hotel. Le gérant de cet établissement lui répondit :

— Nous sommes justement préoccupés de l'absence de M. Bérieux et de son domestique. Ni l'un ni l'autre n'ont paru au five-o'clock ; leur place est restée vide au souper... Leurs bagages ne se trouvent plus dans la chambre du second étage, où je les avais fait déposer. Ce M. Bérieux serait-il un escroc, un aigrefin qui met les hôtels de l'Angleterre en coupe réglée ?

— Rassurez-vous, dit William. Je me porte garant de l'honorabilité de ce jeune homme, ainsi que de sa solvabilité. Il est l'honnêteté personnifiée... Mais ce que vous m'apprenez fait naître en moi des inquiétudes... Je reviendrai demain...

Le domestique salua le gérant et regagna la rue. Il ne comprenait rien à cette disparition brusque et totale de l'ingénieur et il échafaudait là-dessus de multiples hypothèses quand il se heurta à Harry Melson.

Le sous-lieutenant riait encore de l'enlèvement de Lucien, et il n'en fit pas mystère au domestique.

— Des hommes noirs, expliqua-t-il. Je tirais déjà l'épée... Ah ! bien, ouiche !... Pfuitt !... Mes individus l'ont soulevé comme une plume et emporté je ne sais où ! J'ai vu cela gratuitement, et c'était plus joliment fait qu'au théâtre, je vous le garantis ! Mes hommages respectueux à sir Welley et à Mrs. Welley ! Le rire m'a creusé ! Au revoir, mon ami !

Fany attendait, agitée d'une impression grandissante, le retour de William, quand celui-ci reparut dans le parc. Il fit une relation fidèle de ce qu'il venait d'apprendre. En l'écoutant, la jeune fille pâlissait et se sentait prise d'un tremblement.

— Cette histoire d'hommes noirs me donne le frisson, avoua-t-elle. Ils sont venus bien à propos ! Lucien et Harry se battaient en duel ! Je connais assez Melson pour le savoir capable des plus grandes violences... Ce que vous me dites, mon bon William, m'ancre dans cette conviction que le Français est tombé dans un guet-apens ! Mon Dieu ! mon Dieu !... Ma peur redouble !...

Le trouble de Fany était tel qu'elle ne put le cacher à ses parents. Ils l'interrogèrent, et elle leur dit tout ce qu'elle savait. Mrs. Welley poussait des exclamations étouffées en l'écoutant. Quant au banquier, il serrait les poings et fronçait le sourcil. Il finit par articuler :

— Il faut que la lumière se fasse sur cette affaire. Malgré la haute estime que j'ai pour Melson, je ne le prendrai pour gendre que s'il n'a aucune action déloyale à se reprocher... Je vais moi-même demander l'ouverture d'une enquête à ses supérieurs...

Sir Welley n'était pas homme à s'en tenir à de vagues intentions. Dès le lendemain, il rendit visite au colonel et l'entretint de ce curieux problème. Harry Melson s'était déjà battu en duel sans témoins, ce qui pouvait déjà passer pour étrange. Son adversaire avait disparu, ce qui n'était pas moins bizarre. Qu'y avait-il là-dessous ?

Melson, interrogé à ce sujet, répéta ce qu'il avait dit à William. Des limiers se mirent en campagne... Ils revinrent bredouilles. On pensa que Bérieux pouvait s'être embarqué sur l'un des paquebots qui venaient de quitter Cardiff. Mais le nom de l'ingénieur ne se trouvait sur le livre d'aucune compagnie de navigation. (On sait que Mac Farwell croyait que Lucien s'appelait Anasthase.)

La culpabilité de Melson ne pouvait donc être démontrée. Mais comme, malgré ses dénégations formelles, une sorte de défiance planait sur le sous-lieutenant et que le colonel en était affecté, Harry reçut, à dix jours de là, un avis écrit du ministère de la Guerre aux termes duquel on lui faisait savoir qu'il était changé de corps et qu'on lui donnait cinq semaines pour se rendre dans les Indes.

CHAPITRE V

MAC FERWELL SAIT PROFITER D'UNE OCCASION

Harry Melson, qui s'attendait à se marier bientôt avec Fany, éprouva,

Melson éclata de rire.

à la lecture de l'ordre ministériel qui l'expédiait aux colonies, une stupéfaction facile à deviner. Il courut chez sir Welley.

— Je suis navré et furieux, déclara-t-il. Jusqu'à ce jour, fort de ma conduite irréprochable, je ne vous avais pas raconté tout ce qui s'était passé entre ce Bérieux de malheur et moi. Il m'avait provoqué en venant me dire de renoncer à la main de votre fille et je l'avais giflé ; cela, c'est un fait. Mon seul tort a été de vouloir me passer de témoins... Le Français en a profité pour me jouer un mauvais tour... Plus j'y réfléchis, plus je demeure convaincu que mon rival a monté la comédie des hommes noirs... Il s'est fait enlever par des gens à sa solde et a volontairement disparu pour me laisser croire à son assassinat. Il était trop lâche pour se battre à l'épée et il a voulu se venger de la gifle...

— Oh !... vous allez peut-être un peu loin, lieutenant ! dit le banquier.

— Mais, réfléchissez ! fit Melson. Le Français doit avoir de nombreuses relations à Londres... Il aura intrigué contre moi au ministère de la Guerre. Je ne vois vraiment pas d'autre manière d'expliquer mon cas... Je suis sur le point de partir... Si j'étais coupable de la moindre des choses, je vous le dirais, sir Welley ; je vous jure que je vous le dirais. Eh bien, sur l'honneur et sur la tête de mes parents vénérés, je vous affirme qu'on commet une injustice à mon endroit ! Je reste digne de vous serrer la main. Je suis furieux, vous dis-je.

Le banquier, à ces mots, s'épanouit.

— J'aime à vous entendre protester de la sorte, assura-t-il. Votre exil ne sera pas éternel, et je vous promets de tenter tout ce qui sera en mon pouvoir pour vous faire revenir bientôt en Angleterre... Ne cessez point de vous considérer comme engagé vis-à-vis de nous... Vous épouserez ma fille ou je ne suis pas un homme !

Sir Welley s'exprimait avec un tel accent de sincérité que Melson en oublia pour un instant sa colère et son chagrin. Une invitation à déjeuner acheva de rasséréner le lieutenant. Fanny se refusa à lui faire bonne mine, car elle le considérait toujours comme l'auteur de la disparition de Bérieux. Le banquier enrageait de la contenance de la jeune fille. Pour en effacer l'impression pénible qu'en avait ressentie Harry, il l'accompagna lui-même à la gare, le surlendemain, car l'officier n'avait pas un moment à perdre s'il voulait arriver à Bombay dans les délais prescrits. Le matin même, Fany avait dit à son père :

— Je fais tout ce que je puis, je vous assure, pour partager votre manière de voir, mais je ne peux y parvenir. Je serais plus docile si l'on pouvait me démontrer que M. Bérieux n'est pas tombé dans un guet-apens.

Le banquier avait réprimé un accès de mauvaise humeur. Il travaillait rageusement dans son bureau de Bowerstreet quand William vint lui annoncer un visiteur.

— Qu'il aille au diable ! pesta sir Welley ; je ne suis pas en goût de recevoir !... Dites-lui que je n'y suis pas !

Le domestique s'éclipsa et reparut une demi-minute plus tard.

Le gentleman ne veut pas s'en aller, dit-il. Je lui ai affirmé que vous étiez absent... Il a dit qu'il attendrait votre retour.

— En voilà un importun ! gronda sir Welley.

— Parce qu'il s'agit d'une affaire très importante pour vous, monsieur ! L'affaire Bérieux...

Le banquier sursauta.

— Diable ! s'exclama-t-il. Faites entrer...

L'instant d'après, un homme court sur jambes, rubicond, tenant son chapeau d'une main et une pipe de l'autre, pénétrait dans le salon aménagé pour la réception des clients. On a déjà reconnu Mac Ferwell.

Il salua de la tête sir Welley qui entrait par l'autre bout de la pièce et dit d'une voix traînante :

— Je ne croyais pas que l'histoire des hommes noirs eût fait tant de vacarme dans Cardiff ! Je viens à propos de cette vétille... J'en ai les oreilles rabattues...

— A qui ai-je l'honneur de parler ? demanda le banquier.

— A la maison Fakeloc, répondit le visiteur. J'ai cru comprendre que vous ajoutiez la plus haute importance à la preuve de l'innocence du lieutenant Harry Melson. Me suis-je trompé ?

— Pas du tout !

— Alors, sir Welley, combien donneriez-vous pour avoir sous les yeux la preuve matérielle de cette innocence ?

— Monsieur ! protesta le banquier. C'est un marché que vous venez me proposer ?

— Pourquoi pas ?

— Vous faites payer votre témoignage ?

— Pourquoi pas ?

— Mais c'est indigne !

— Alors, sir Welley, je vois que vous vous moquez comme d'une pomme de la réputation de Harry Melson, dit Mac Ferwell. Je vous salue avec ampleur et je m'excuse de vous avoir fait perdre deux minutes d'un temps évidemment précieux...

Le petit homme reculait vers la porte. Le banquier l'arrêta d'un mot.

— Halte !

Ferwell stoppa. Sir Welley mâcha :

— Dix mille livres.

— C'est peu ! grimaça le personnage à la bouffarde. Mais je veux vous rendre service parce que vous m'êtes sympathique. Sachez donc que l'adversaire de Melson a été enlevé sur mon ordre par quatre hommes noirs et embarqué aussitôt à bord du *Bélouchistan.*

— C'est faux ! beugla sir Welley.

— Voici le billet, ou plus exactement la souche du billet qui sert de reçu quand on a payé la place au bureau de compagnie, dit tranquillement Mac Ferwell. Vous pouvez voir le nom et la profession : M. Anasthase ingénieur...

— Eh ! qui vous parle d'Anasthase ! cria le banquier. Vous dormez tout debout, que vous ne savez pas encore que le disparu s'appelle Lucien Bérieux !

— J'ai entendu prononcer ces syllabes-là, en effet, répliqua Ferwell. Ce qui prouve que mon client m'a trompé, m'a caché son nom véritable ! Mais j'ai l'excellente habitude de photographier mes gens sans même qu'ils s'en doutent. Voici la figure de mon Anasthase et vous pouvez la voir... C'est mon service anthropométrique... Vous remarquerez que le jeune homme se trouve sur le pont d'un navire et non ailleurs et que le visage du capitaine du *Bélouchistan* se reconnaît au second plan.

Ferwell tendait à sir Welley un rectangle de papier photographique dont le banquier s'empara avec une avidité à peine cachée.

— C'est exact, prononça-t-il. Mais que signifie tout cela ? Pourquoi cet enlèvement ? Pourquoi ce voyage ?

— Le reçu que voici vous mettra au courant de la situation mieux que de longs discours, sourit le petit homme. Vous permettez que j'allume ma pipe ? Pas de pipe, pas de Mac Ferwell...

Sir Welley donna allègrement la permission de fumer que le visiteur sollicitait avec une particulière énergie. Et il considéra le nouveau document qu'on lui mettait sous les yeux. Il était ainsi conçu :

Reçu de M. Plouf Fakeloc la somme de deux mille francs à titre de prime d'entrée dans mon usine.

Thur, le 25 décembre 1917.

Le banquier ayant lu cela, s'écria :

— Mais nous ne sommes qu'en octobre !... Et Thur, où est-ce ?

— Vous ne trouverez pas cette ville sur les cartes géographiques, concéda Ferwell. Je suis cependant en mesure de vous affirmer que Thur se trouve entre le massif de l'Himalaya et le golfe d'Oman. Quant à la date portée sur ce papier, elle ne regarde que ceux qui ont accepté de l'y inscrire. Maintenant, cher monsieur, vous ne pouvez qu'être convaincu... Et vous avez dit vous-même dix mille livres.

Sans un mot, sir Welley remit le papier au visiteur, sonna William.

— Un carnet de chèques ! demanda-t-il au domestique dès que celui-ci eut montré son visage dans l'encadrement de la porte.

L'instant d'après, Mac Ferwell quittait la banque avec le visage d'un homme qui vient de gagner sa journée sans trop de peine. Quant à sir Welley, il ne se sentait plus aucune disposition au travail. Il alla trouver Fany et lui cria joyeusement :

— Que tes soupçons s'évanouissent, mon enfant ! Harry est digne de t'offrir son nom !... Je viens d'acquérir la preuve que Lucien Bérieux n'est pas mort. Il se porte comme un pont neuf et il vogue en ce moment sur l'Océan Atlantique... Il est parti pour Thur sans tambour ni trompette... Tu vois qu'il se soucie moins de toi que tu ne te plaisais à le penser !

Fany, à ces mots, battit des mains.

— Si Harry n'a point menti, les hommes noirs subsistent, articula-t-elle. Notre ami Bérieux a donc quitté l'Angleterre contre son gré. Je suis heureuse, vraiment heureuse, de ce que vous venez de m'apprendre !

— Quelle petite fille entêtée ! songea sir Welley qui ne s'en affecta pas outre mesure, car il reconnaissait sa propre obstination dans la résistance manifestée par la jeune miss.

. . . .

Lucien Bérieux voguait en effet, non point sur l'Océan Atlantique, ainsi que venait de le dire le banquier, mais sur la Méditerranée. Depuis trois jours, il repassait dans sa tête endolorie les événements qui l'avaient conduit là où il était. Il mangeait du bout des lèvres quand venait l'heure des repas et s'enfermait ensuite dans sa cabine. Il maudissait Mac Ferwell, les hommes noirs, sir Welley, son oncle Arthur d'Ingrandes et, de façon plus générale, les hommes qu'il trouvait stupides et les choses qu'il trouvait souvent bêtes à pleurer.

— Je ne sais seulement où je vais ! se révolta-t-il un matin. C'est ridicule ! Il faut que je n'aie pas eu la

Fany, à ces mots, battit des mains.

tête à moi pour avoir accepté de signer un engagement dans des conditions pareilles ! Mais il n'est pas trop tard pour essayer d'éclairer notre lanterne.

Il sortit, se risqua sur le pont, lia conversation avec des passagers. Il n'osait les interroger tout de go, dans la crainte de passer pour un fou. Il s'y prit de loin. A une respectable lady qui se balançait gravement sur une chaise à bascule, il demanda :

— Sommes-nous loin de la première escale, madame ?

La lady la dévisagea avec une sorte d'effroi avant de lui répondre.

— C'est la première fois que vous empruntez cette ligne, monsieur ? dit-elle

Lucien eut un signe affirmatif.

— Eh bien, poursuivit la lady, je pense qu'avant minuit nous ferons halte.

Ce fut tout ce qu'il put tirer de son interlocutrice qui, peu désireuse de s'entretenir plus longtemps avec un voyageur aussi novice, détourna la tête et se mit à contempler l'horizon.

Deux gentlemen causaient en souriant à deux pas de là. Bérieux s'approcha d'eux lentement et il tendait l'oreille d'une façon tellement manifeste que les gentlemen battirent en retraite d'un air agacé.

— Je vais me rabattre sur les matelots, se dit Lucien.

Il marcha jusqu'à l'avant du paquebot et questionna des marins assemblés autour d'un treuil à vapeur. Au lieu de lui répondre, ils se mirent à crier : « Attention !... » Et le treuil se mit à tourner avec un bruit de chaînes qui ne permettait plus la moindre conversation. L'ingénieur se mit en colère, il maugréait contre les gens et les circonstances lorsque Philibert le rejoignit. Le domestique avait le visage à la fois radieux et effaré.

— Monsieur, lui dit-il, je viens de me promener dans les cales. Parce qu'il faut ajouter que je suis assez curieux de ma nature et qu'on m'a ri au nez chaque fois que j'ai cherché à savoir de nos voisins de cabine où le navire allait. Eh bien, monsieur, il y a des colis enregistrés pour Aden, d'autres pour Bombay, d'autres pour une ville qui me donne envie d'éternuer : Kourratchi ! Un gros ballot porte les initiales P. F. et va à Kourratchi justement. Le petit Polichinelle de Cardiff, celui qui fume si bien et qui explique si mal aux gens de quel travail il veut les charger, m'a dit que nous étions aux ordres de Plouf Fakeloc. J'en conclus que nous débarquerons à Kourratchi. Je vous affirme que ce nom-là me fait mal à la tête !

— Ton intelligence m'émerveille, dit Lucien. Kourratchi est un port de mer situé au nord-ouest de l'Inde anglaise... Qu'allons-nous faire là-bas ? Je suis de plus en plus intrigué !

Le brave Philibert ne s'était pas trompé. Le *Bélouchistan* traversa le canal de Suez, franchit la mer Rouge navigua dans une région où l'air surchauffé était à peine respirable, obliqua vers le nord-est et s'arrêta à Bombay.

Il en repartait le surlendemain et faisait, deux jours plus tard, son entrée dans la baie de Kourratchi. Là, un petit bateau à vapeur s'approcha du steamer, et un homme muni d'un immense porte-voix hurla en anglais :

— Ohé ! du *Bélouchistan !...* L'équipe P. F. est-elle à bord ?

Le capitaine du paquebot répondit en personne :

— Elle y est !

— Je prends hommes et bagages ! cria le personnage au porte-voix.

Le capitaine, alors, fit rassembler tous les « désespérés » que Mac Ferwell avait embauchés à Cardiff. Ils étaient au nombre d'une quinzaine, ce qui constituait un nombre relativement peu élevé étant donné le chiffre de la population de la cité anglaise.

Des matelots du *Bélouchistan* préparaient des échelles mobiles et manœuvraient pour faire passer le fameux ballot sur le petit vapeur. Quand ce fut fait, les ouvriers de Plouf Fakeloc et l'ingénieur se risquèrent sur les échelles. La descente était quelque peu périlleuse en raison des oscillations des deux bâtiments. La gymnastique s'effectua cependant sans accident aucun. Un grand gaillard qui était un Hindou, à en juger par son teint bronzé et le madras qui lui couvrait la tête, comptait les nouveaux arrivants et riait de ses dents jaunies par le bétel.

— Yes ! all right ! fit-il quand le transbordement fut terminé.

Le petit vapeur donna un coup de sirène... L'homme qui se tenait au gouvernail fit exécuter à la roue un quart de révolution et le *Bélouchistan*, qui accélérait sa marche, s'éloigna de Lucien et de ses compagnons.

CHAPITRE VI

HARRY MELSON PRÉFÉRERAIT AUTRE CHOSE

Le développement logique des événements qui composent cette histoire nous oblige à nous transporter par la pensée à Bombay, la grande ville de huit cent mille habitants qui rivalise de puissante activité avec Madras et Calcutta et qui donne aux étrangers qui la voient pour la première fois l'impression d'un monde pittoresque jusqu'au fantastique.

Harry Melson venait d'y débarquer. Tout étourdi encore de la longue traversée qu'il avait effectuée bien à contre-cœur, il ruminait sa fatigue et l'espoir de retourner avant longtemps en Angleterre, ainsi que le lui avait promis sir Welley. Le jeune officier avait pris un manchy, sorte de palanquin porté par deux Hindous, quand ceux-ci s'arrêtèrent devant l'une des plus belles maisons du quartier européen. Harry devina la demeure du gouverneur, descendit de la chaise dans laquelle il était plutôt étendu qu'assis, paya les deux hommes et gravit les marches du perron qui permettait d'accéder à la grande porte d'entrée.

Là, un factionnaire lui barra le chemin, le pria de se nommer. Melson tira d'un portefeuille une carte de visite, la remit au soldat et tira le cordon placé à portée de sa main... Deux Hindous en costume voyant apparurent et firent signe au nouvel arrivant de les suivre.

Tout était nouveau pour Harry, qui n'avait jusqu'à présent jamais quitté Cardiff que pour aller à Londres. Il s'émerveillait au passage des richesses accumulées sous forme de tentures, de marbre rose et de statues d'animaux répandues à profusion dans tous les coins de la résidence princière. Des peaux de tigres et des défenses d'éléphants montées en trophées réveillaient en lui des instincts de chasseur... Mais il n'eut pas le loisir de contempler longuement tout cela. A peine avait-il attendu quelques minutes dans une antichambre feutrée de tapis de haute laine et rehaussée de brocards splendides, que l'un des Hindous reparut, lui dit d'avancer et s'effaça pour le laisser pénétrer dans un vaste cabinet de travail meublé à l'orientale.

Un homme se promenait fiévreusement, semblait-il, dans ce bureau. Il était vêtu d'un complet de toile blanche et nul ornement ne permettait de deviner en lui le major Haytton, secrétaire général du gouverneur et chef des forces militaires de Sa Majesté britannique pour l'Inde occidentale. Melson vit le regard incisif qu'on attachait sur sa personne dès qu'il parut et comprit à qui il avait affaire. Il salua et se mit au garde-à-vous.

— Repos ! dit le major. Asseyez-vous, lieutenant. Je vous remercie de n'avoir point perdu de temps pour me faire constater votre arrivée.

Harry s'inclina avant de prendre un siège et dissimula une grimace. Il ne tenait pas outre mesure à ce qu'on s'occupât de lui, puisque son vœu le plus cher était de retourner le plus tôt possible dans la mère-patrie.

— Je vous attendais, poursuivit le major Haytton, parce qu'il me faut un jeune homme répondant aux qualités d'initiative et d'endurance qu'il paraît que vous possédez. Je ne dis point cela pour vous flatter... J'ai pour principe de ne flatter personne. Vous respirez la force et la décision. Tout à fait ce que je souhaitais, tout à fait !

Le compliment fit chaud au cœur de Melson qui songea aussitôt : « Si je plais au major, il ne refusera pas d'appuyer ma demande de réintégration dans l'armée métropolitaine. » Haytton, qui n'avait cessé de se promener de long en large, s'arrêta devant Harry.

— Soyez franc, lui dit-il ; vous connaissez peu la géographie des Indes ?

— Très peu, avoua le lieutenant. Je n'en sais que ce qu'on m'a appris à l'école.

— Ce n'est pas assez, articula le major. Je vous donne trois jours pour étudier par cœur la route Surat-Baroda-Paranpour et la topographie de la région méridionale du Radjpoutana. Vous n'ignorez point que le Radjoutana est une province à peu près indépendante, la plus pauvre des Indes et la plus sauvage. C'est elle qui me donne du souci.

Melson dissimula une seconde grimace.

— Deux émissaires que j'y avais envoyés sortent d'ici, continua le major Haytton. Ce qu'ils m'ont dit de la situation là-bas me cause une assez grande inquiétude. Leur langage est surprenant et ne permet pas que je m'endorme dans les délices de Capoue, comme disent les Français et les Italiens. Il paraît — c'est un des émissaires qui l'affirme — que des caravanes suspectes circulent aux confins de la province, non loin du mont Abou. On n'a pu savoir jusqu'à présent d'où elles venaient ni ce qu'elles transportaient, ni pour le compte de qui elles affrontaient les solitudes de l'Aravalli. De plus, les populations établies aux environs de Sirohi et de Djalor ne commercent plus avec celles du littoral, ce qu'elles avaient fait jusqu'à ces derniers temps. Enfin, le second émissaire m'assure que les tribus nomades du désert de Thur émigrent en nombre vers l'ouest et donnent des signes d'une terreur d'autant plus surprenante que ces tribus ont toujours passé pour très braves. Elles parlent à mots couverts d'un personnage mys-

Le domestique pivota sur les talons et sursauta d'épouvante.

térieux qui dompte l'air, l'eau et le feu et transforme les hommes en animaux féroces ou en fantômes errants. Cette fable, car ce ne peut être qu'une fable, — n'est pas claire ; elle cache quelque chose que je crois ne deviner que trop bien. Quel est votre avis ?

— Ma foi, dit Melson, c'est peut-être un fanatique qui veut se donner de l'autorité afin de lever l'étendard de la révolte ?

— Bravo ! cria le major. Vous êtes un garçon intelligent ! Votre pénétration me plaît !... J'ai la même idée que vous !... Mais nous n'émettons là qu'une hypothèse, bien entendu, et il s'agit d'aller la vérifier sur place. Je vous charge de cette mission. Vous allez vous reposer pendant trois jours, c'est-à-dire étudier la chose que je vous ai dite. Après quoi, vous partirez pour Ahmedabad. Un télégramme de moi vous aura précédé dans cette ville et les troupes dont vous aurez forcément besoin seront prêtes à marcher sous vos ordres. Elles se composeront d'une centaine d'hommes triés sur le volet, tous bons marcheurs, excellents tireurs et endurcis aux fatigues du climat et de la campagne. Vous vous contenterez d'établir un poste de surveillance dans les environs du lac de Sambhar, car il ne s'agit point de donner dans la gueule du loup comme un imprudent. Vous me ferez tenir de vos nouvelles aussi souvent que possible ; vous me demanderez du renfort au besoin, je ne vous le refuserai pas. Et vous prendrez sur le personnage qui fait fuir les nomades tous les renseignements que vous pourrez. Si vous jugez nécessaire et possible de le capturer, faites-le hardiment. Je vous donne carte blanche. S'il y a danger par trop grand, usez d'habileté en attendant que la saison plus propice nous laisse la possibilité d'entreprendre une expédition de plus vaste envergure. Vous avez bien compris ce que j'attends de vous ?

— Oui, rugit Melson.

Ce rugissement plut tellement au major, qu'il reconduisit le sous-lieutenant jusqu'à la porte de sortie sans se douter de la rage intérieure qui dévorait Harry.

— Me voilà dans de beaux draps ! gronda-t-il quand il se retrouva seul dans la rue encombrée d'Hindous et d'Européens en tenue coloniale. Il ne me manquait plus que d'être expédié aux cinq cent mille tonnerres du diable ! Les officiers anglais ne manquent pas dans Bombay... Sans doute aucun n'a-t-il voulu accepter une mission où il y a plus de coups à recevoir que de bénéfices à réaliser ! Et c'est à moi, frais émoulu dans le pays, que revient la corvée ! Ah ! Bérieux de malheur ! Ta vengeance est plus complète que tu ne te l'imagines ! Comme le Français rirait s'il connaissait mon aventure ! Si jamais je reviens en Europe, je veux le retrouver, ne serait-ce que pour le plaisir de reprendre le duel interrompu et de lui faire payer cher mes déboires !

. . . .

On sait à quel point Melson se trompait quand il supposait que Lucien Bérieux avait directement travaillé à le faire expédier aux Indes. Il ne se trompait pas moins en supposant que l'ingénieur se trouvait encore en Angleterre ou en France. Le jeune homme, sur le petit vapeur où il avait pris place avec son domestique Philibert et les autres « désespérés » embauchés par Mac Ferwell, commençait à s'intéresser furieusement au voyage depuis qu'il était avéré qu'on ne débarquerait pas à Kourratchi, ainsi que Philibert l'avait un instant annoncé. L'Hindou, coiffé du madras, interrogé par notre héros, répondit qu'il se contentait de prendre, à chaque arrivée de paquebot venant de Cardiff, les ouvriers de Plouf Fakeloc et de les conduire à l'embouchure de la rivière Loni, au fond du Rann de Koutch. Le Rann était un immense bassin parsemé d'îles verdoyantes sur lesquelles le regard se posait avec plaisir.

La traversée du bassin prit une journée entière, car les eaux offraient une profondeur inégale et des algues constituaient un danger permanent. De là venait sans doute qu'on ne rencontrait pas d'autres vapeurs sur ce petit océan intérieur. Partout c'était la solitude. Une mélancolie pesait sur le paysage et sur les passagers, à l'exception de Bérieux, qui essayait de deviner ce que ce brusque changement d'orientation voulait dire.

La nuit vint au moment où l'on atteignit l'embouchure du fleuve. Le petit steamer jeta l'ancre à quelques encablures de la rive et l'Hindou fit servir des aliments aux voyageurs. Ils dormirent dans un local aménagé spécialement pour eux à l'arrière. Le soleil n'était pas encore levé, le lendemain matin, quand des cris prolongés retentirent sur la berge. L'Hindou parut devant les « ouvriers » et leur enjoignit de se lever. Bérieux, dès qu'il fut sur le pont, aperçut des sortes de jonques qui s'approchaient et venaient s'accoler aux flancs du navire. Elles étaient montées par des rameurs vêtus misérablement, dont le visage et le teint rappelaient la race bédouine. Il pensa que c'étaient des Arabes venus de Mascate, mais le dialecte parlé par ces mariniers n'avait rien de commun avec celui des citoyens de l'Arabie.

— Etrange ! se dit-il. Voilà pourtant des gens qui ont le type des habitants du désert !

Ses réflexions sur ce point furent interrompues par l'Hindou qui venait lui souhaiter bonne continuation du voyage. Il y eut un nouveau transbordement. Quand passagers et ballots furent chargés sur les jonques, celles-ci, sous l'impression des rames, s'éloignèrent du petit vapeur et commencèrent à remonter le fleuve.

Le spectacle féerique qu'offraient les rives de celui-ci au fur et à mesure qu'on pénétrait plus avant dans l'intérieur du pays ne pouvait laisser insensible l'ingénieur. Il calcula la vitesse des embarcations et la trouva de si peu d'importance qu'il jugea qu'on ne devait pas aller bien loin. Il se trompait lourdement. Les mariniers s'arrêtaient en certains endroits où ils savaient retrouver des provisions de bouche. Ils ne semblaient pas pressés. Ils avaient demandé aux voyageurs s'ils possédaient du tabac, et, sur la réponse affirmative de ceux-ci, nos rameurs, laissant là les avirons, avaient confectionné des cigarettes qu'ils fumaient avec délices.

Cependant, les villages se faisaient de plus en plus rares. Les hommes des jonques se nourrissaient maintenant de baies cueillies aux arbres qui poussaient en arrière des berges, et force était à Lucien de les imiter. Philibert, voyant que la végétation elle-même faisait comme les maisons, crut prudent de récolter une certaine quantité de fruits et de les déposer dans la jonque occupée par son maître. Les pseudo-Arabes se mirent à rire.

— Ils vivront donc de l'air du temps ces cocos-là, quand il n'y aura plus rien à se mettre sous la dent ? grommela le domestique.

La végétation devenait maigre au possible. Bientôt, les barques naviguèrent dans un pays désolé où rien ne poussait, où le soleil éclairait l'eau de la rivière et le sable dont étaient faites les collines assez élevées limitant la vallée à droite et à gauche. Il y avait trois semaines qu'on avait quitté le *Bélouchistan* et cette promenade interminable commençait à frapper d'engourdissement cérébral les mieux trempés de l'équipe, quand, soudain, tous s'éveillèrent...

Les mariniers venaient d'accoster la berge en un endroit marqué de nombreuses traces de pas... Le sol avait été battu par d'innombrables semelles ; elles traçaient une piste sur laquelle les voyageurs s'engagèrent à la suite des rameurs transformés en guides. Ceux de la jonque transportant le ballot avaient divisé celui-ci en autant de paquets qu'il y avait de porteurs. La caravane escalada la pente abrupte d'une colline. Arrivés au sommet, les « ouvriers » ne purent retenir un cri d'étonnement.

Devant eux s'étendait un espace illimité formé de vallonements successifs et de plus en plus creusés... Le dernier donnait accès à une plaine où se voyait confusément une masse qui ressemblait à une vieille forteresse féodale. Mais ce n'était pas cela qui avait arraché une exclamation aux voyageurs. Leur surprise venait de ce qu'ils venaient de découvrir à moins de cinquante mètres de l'endroit où ils étaient arrivés une ligne aérienne faite d'un gros câble monté sur des poteaux robustes plantés de distance en distance. Une double hotte était à cheval sur le câble, au ras du sol aménagé en pente douce pour accéder à ce panier dont l'usage se devinait rien qu'à le voir.

— Des montagnes russes originales, monsieur ! dit Philibert. Je serais curieux de les voir fonctionner !

La curiosité du domestique n'allait pas tarder à recevoir une satisfaction complète. Les guides marchèrent vers la hotte, firent signe aux voyageurs de monter dedans. Ils hésitèrent un peu, puis, devant la robustesse apparente de la machine, ils se décidèrent. Lucien s'assit près de Philibert. A peine étaient-ils installés, que l'un des guides déplaça un taquet qui retenait le panier. Celui-ci, muni d'un trolley en son centre, commença à se déplacer le long du câble... L'allure de la descente alla grandissant, devint vertigineuse... C'était quelque chose d'effroyable et de captivant tout à la fois que cette course en l'air à une vitesse triple de celle du train le plus rapide. Les voyageurs en avaient la respiration coupée ; ils fermaient la bouche, serraient les dents et écarquillaient les yeux avec un commencement d'épouvante... Bérieux, en froid calculateur qu'il était, ne pouvait s'empêcher de frémir en songeant à la pression que devait supporter le câble et aux suites qu'une rupture de ce dernier pouvait avoir.

CHAPITRE VII

OU L'ON FAIT CONNAISSANCE AVEC M. PLOUF FAKELOC

Serrés les uns contre les autres, les voyageurs risquaient de temps en temps un coup d'œil dans lequel la curiosité le disputait à l'épouvante et cherchaient à mesurer du regard le chemin parcouru. La haute colline qui servait de gare de départ, s'il est permis d'employer le mot de gare en la circonstance, s'estompait déjà dans la brume du lointain. Le trolley du panier double grinçait sur le câble métallique et en tirait parfois des étincelles ; le vent provoqué par cette course folle gémissait entre les fibres du véhicule aérien...

Et puis, insensiblement, la vitesse du bolide diminua et la cargaison vivante qu'il emportait se reprit à respirer. Mais la quiétude qui se lisait sur les visages ne fut pas de longue durée. Le panier, qui ne filait plus qu'à la vitesse d'un express, se rapprochait de la sombre forteresse qu'on apercevait depuis le début de cette chevauchée diabolique. Les tours massives qui la flanquaient apparaissaient formidables et le donjon vieux de plusieurs centaines d'années semblait, avec ses fenêtres d'inégale grandeur, faire une grimace à l'adresse des nouveaux venus. De là, cependant, ne venaient point les froncements de sourcils et les frissons de malaise des gens recrutés par Mac Ferwell, mais plutôt des cris aigus, des plaintes prolongées qui montaient de cette masse de pierres et se répandaient dans l'espace. Le faible glissement du panier ne couvrait pas l'abominable concert. Hurlements de douleur et de colère, pleurs lamentables, sanglots profonds, explosion de rage, tout cela se mêlait dans une cacaphonie lugubre. Lucien Bérieux échangea avec Philibert un regard angoissé.

— Où allons-nous ? semblait dire celui de l'ingénieur.

— Quelle maison de tortures est-ce là ? se demandait le domestique.

Cependant, le panier venait de franchir l'enceinte de la forteresse ; il tourna aussitôt en hélice autour d'un bâtiment circulaire et vint se poser sur une plate-forme munie de ressorts qui amortirent le choc. Deux hommes vêtus de burnous rouges et dont le visage disparaissait entièrement sous une gaine de caoutchouc, — ce qui leur donnait l'air de n'avoir ni bouche ni nez, mais seulement des yeux, — firent signe aux voyageurs de descendre. Bérieux sauta le premier hors du panier ; Philibert suivit son maître de près ; derrière eux, les autres ouvriers de l'équipe numéro 4 exécutèrent la même gymnastique.

L'un des hommes aux burnous ouvrit alors une petite porte pratiquée dans la muraille du bâtiment circulaire et dit en anglais :

— Passez un à un, sans vous presser !

Bérieux s'engagea sous la porte et se trouva dans un couloir obscur où il marcha à tâtons. Il n'avait pas fait dix pas que le sol se déroba sous ses pieds et qu'il se sentit précipité dans le vide... Il poussa un cri étouffé et, avant d'avoir pu revenir de sa terreur subite, tomba sur un corps élastique qui le fit rebondir dans la nuit... Sa tête heurta une lucarne qui s'ouvrit... Il passa tout entier par cette lucarne, roula sur un plan incliné qui lui faisait suite et se trouva, sans trop savoir comment, engagé dans une manche de toile également inclinée, si bien qu'il glissa dans cette manche, ni plus ni moins qu'un ballot de farine ou qu'une caisse de conserves... Quelques instants plus tard, il arrivait à l'extrémité de la manche et roulait sur le sol d'une cour entourée de tous côtés par des murailles rechignées.

— Un ! dit après lui un personnage qui semblait attendre.

Bérieux, encore tout étourdi de sa série de cabrioles involontaires, se releva, se tâta pour voir s'il n'avait rien de cassé.

— Deux ! compta le personnage en voyant apparaître Philibert au bas de la manche.

— Mince de sauts périlleux ! clama le domestique.

Les compagnons de voyage de l'ingénieur et de Philibert arrivaient les uns après les autres. Tandis qu'ils se remettaient sur leurs jambes, Lucien observait l'homme qui lançait les chiffres à haute voix. Il était de haute taille, entièrement rasé, blond de peau et de cheveux, avait de petits yeux perçants et le dos légèrement voûté. Sa main gauche tremblait sans discontinuer et cela se voyait d'autant plus qu'il la tenait à la hauteur du revers de son veston. Quand la manche de toile eut cessé de vomir des gens, il renifla l'air, prit dans sa poche une liste et commença l'appel. Les ouvriers répondaient *présent*. Le personnage les examinait des pieds à la tête et leur désignait la direction qu'ils devaient prendre. Il donnait ses ordres d'une voix sifflante et cassante à la fois. Bientôt, ne restèrent plus, dans la cour en dehors de lui, que Bérieux et Philibert.

— Lequel de vous deux est le valet de chambre ? demanda-t-il.

La forme impertinente donnée à cette question fit tressaillir le domestique et l'ingénieur. Le personnage leur déplaisait souverainement. Ils s'abstinrent de répondre.

— Ces Français sont chatouilleux en diable ! murmura l'homme à la main tremblante.

— Puis, d'un ton hautain :

— Philibert ?

— C'est moi, dit Bérieux.

Philibert se tint à quatre pour ne point pouffer. La mystification lui paraissait joyeuse ; elle le vengeait de l'arrogance de cet individu qu'il ne voyait que depuis dix minutes, mais pour lequel il nourrissait une aversion profonde.

— Très bien ! dit l'homme. Je vous attache à mon service personnel. Les Hindous ne connaissent rien de rien aux usages européens. Vous ferez parfaitement mon affaire. Allez au pavillon sud, — on vous le montrera, — et attendez mes ordres.

Bérieux s'éloigna, laissant Philibert en tête à tête avec le personnage.

— Vous, monsieur Anasthase, dit alors l'homme aux petits yeux luisants, vous m'avez l'air inquiet... Ne protestez pas... J'ai l'habitude de lire dans les cœurs et dans les cerveaux... Vous vous posez une foule de questions qui restent naturellement sans réponse... Vous êtes appelé à devenir mon second ; il importe donc que vous me connaissiez bien... Vous avez déjà deviné que je suis M. Plouf Fakeloc, propriétaire de l'usine infernale. Vous remplacerez William Broods, un ingénieur de grande valeur qui a eu la sottise de se laisser mourir de chagrin. Il prétendait que la maison manquait de distractions ! Je vous concède qu'on ne rit pas tous les jours chez moi, mais un désespéré a-t-il le droit de rire ?

— Evidemment non, dit Philibert.

— Je n'ai d'ailleurs pas de chance avec mes ingénieurs, poursuivit Fakeloc. Je crois bien que j'ai péché jusqu'à présent à leur égard par excès de discrétion. Il n'en sera pas de même avec vous. Je vais mettre les points sur les i pour que vous sachiez à quoi vous en tenir. Venez !

Le personnage étrange tournait les talons et se dirigeait vers le fond le plus éloigné de la cour. Philibert le suivait, non sans rire, d'un rire muet dans lequel passait toute la satisfaction de l'espiègle qui vient de jouer un bon tour en catimini. Plouf Fakeloc l'entraîna dans des corridors qui n'en finissaient plus, ouvrit des portes au moyen de clefs qu'il possédait, traversa des chambres meublées de la façon la plus bizarre, et sur les murs desquelles se voyaient des affiches en plusieurs langues rédigées dans ce goût : Prenez garde au 7-84... » « Défense de toucher au 000.000 »

Par instants, derrière les cloisons, on entendait des gémissements sourds et prolongés qui, chaque fois, faisaient tressaillir Philibert.

Cependant, l'usinier et son hôte étaient arrivés sur une terrasse donnant près d'un petit jardin. Fakeloc se retourna, posa sa main sur l'épaule du domestique et lui dit nez contre nez :

— Ce que vous avez déjà vu de la maison vous montre que j'en suis pour la division du travail... J'utilise mes gens selon leurs aptitudes, autant que possible. A vous, qui êtes un homme de calcul et de recherches, je donnerai des problèmes chimiques à résoudre. Vous ne vous occuperez donc pas de ce que je fais, vous n'aurez d'autre souci que celui de vos formules et de vos cornues.

— Ce sera grandement suffisant ! articula Philibert en se grattant la tête.

— Votre laboratoire est ici, poursuivit Plouf Fakeloc en désignant la pièce vitrée qui faisait suite à la terrasse. S'il vous manquait des produits, ne craignez pas de me les demander. Vous régnerez en maître dans ce pavillon ; je ne vous ennuierai point de mes visites et de mes questions... Vous me verrez une fois par jour, le soir, au dîner que nous prendrons ensemble, et où je vous poserai des problèmes à résoudre... Que pensez-vous de l'action des rayons infra-violets sur le picrate de potasse à faible température ?

— Heu ! heu ! fit le valet de chambre d'un air à la fois vague et majestueux.

— N'est-ce pas ? irradia l'homme à la main tremblante, qui prit cette double exclamation pour le raccourci d'une opinion précise. Je m'en doutais !... Il faudra creuser cela avant tout autre chose. Maintenant, je vais vous présenter votre garçon de laboratoire... Nyanké ! Nyanké !...

A cet appel, une porte s'ouvrit dans le dos de Philibert et une voix dit :

— Présent, monsieur !

Le domestique pivota sur les talons et sursauta d'épouvante.

Epouvante assez compréhensible, d'ailleurs, si l'on songe que deux yeux s'avançaient vers Plouf Fakeloc, deux yeux d'une grande intelligence qui se fixèrent un instant sur Philibert avec une curiosité non dissimulée. Ils étaient à la hauteur de ceux du domestique et s'immobilisaient à moins de deux mètres de l'endroit où il se tenait, médusé et haletant.

— Voici M. Anasthase, le nouvel ingénieur, Nyanké, dit Fakeloc, les cornues sont-elles nettoyées ?

— Elles le sont, monsieur, répondit

la voix. (Les yeux venaient de quitter Philibert pour se tourner vers l'usinier.)

— Vous pouvez vous serrer la main, sourit Plouf, puisque vous êtes appelés à vivre ensemble pendant de longs jours.

Les yeux, de nouveau, regardèrent le valet de chambre, et ce dernier sentit non sans effroi une main saisir la sienne et la serrer nerveusement.

— Tenez prête la machine aux rayons infra-violets, dit Fakeloc.

— Oui, monsieur, fit la voix.

Les yeux disparurent, il y eut sur les dalles de la terrasse un bruit de pas, la porte se rouvrit, puis se referma... Philibert, plus pâle qu'un mort, balbutia :

— Je... je... vous n'employez que des désespérés, n'est-ce pas, monsieur Fakeloc ?

— Pourquoi cette question ? dit l'usinier en fronçant le sourcil.

— Parce que je ne réalise plus les conditions requises, expliqua le domestique. Et s'il vous plaisait de me permettre de retourner en Angleterre...

— Re-tour-ner en An-gle-terre ? mâcha Plouf d'un ton cassant. Oh ! oh ! voilà une chanson nouvelle !... Il ne me plaît pas du tout, mais pas du tout !... Vous avez signé l'engagement, si-gné ! Votre rictus me dit que que vous essaierez de vous évader... Vous n'avez pas tout vu, mon cher monsieur Anasthase ! Venez, que je vous montre...

Et le terrible Fakeloc, saisissant Philibert par un bras, l'entraîna encore par des vestibules interminables et des chambres au mobilier inexplicable, lui fit monter un escalier en spirale, l'arrêta, tout essoufflé, au sommet d'une tour.

— Penchez-vous et regardez ! lui cria-t-il dans l'oreille. Que voyez-vous ?

— Des animaux qui ressemblent à de gros chats ! répondit Philibert.

— Ce sont des tigres ! clama Fakeloc, des tigres féroces, venus en droite ligne des forêts de l'Himalaya, et que le rajah de Radjpoutana m'a confiés avec mission de les nourrir, ce que je fais de bonne grâce puisqu'ils me servent de chiens de garde... Eh ! eh ! que dites-vous de ces lanières vivantes qui se traînent dans ce fossé ?

— Des serpents ! s'effara Philibert.

— De jolis cobras, parfaitement ! ricana l'usinier ; encore des gardiens fidèles. Je ne vous conseille pas de vous aventurer dans ce fossé, mon cher ! Vous seriez déchiré par des griffes, englué de bave venimeuse, dévoré, englouti, pulvérisé, digéré !... Et plus loin, ne voyez-vous pas une quintuple ligne luisante qui fait le tour de mon château comme la portion d'une gigantesque toile d'araignée ? Savez-vous ce que c'est ?

— On dirait des fils d'argent, proféra le valet de chambre.

— J'attendais une réponse plus proche de la réalité, dit Fakeloc, vous êtes ingénieur, que diable, et vous auriez pu reconnaître des tubes de verre, oui, mon cher collaborateur, des tubes creux et remplis d'acide sulfurique. Comme on ne peut s'aventurer au pied de la muraille d'enceinte sans briser quelqu'un de ces tubes, on s'expose à la mort la plus affreuse qu'il soit donné d'imaginer. On ne pénètre dans l'usine que par le wagon aérien, dites-vous bien cela, quand vous serez tenté de me fausser compagnie en employant les moyens ordinaires. J'oubliais d'ajouter qu'il vous sera interdit pendant dix ans, d'écrire à qui que

Fany s'empara du pli, parcourut du regard les lignes.

ce soit. Je ne me suis pas installé dans le désert pour des prunes ! Et maintenant, au laboratoire et à l'œuvre !

Tandis qu'avait lieu ce dialogue dramatique, Lucien Bérieux errait dans le château, à la recherche du pavillon sud qu'on lui avait donné pour lieu à atteindre avant d'en apprendre plus long.

L'ingénieur, mal revenu du malaise profond causé par ce qu'il venait de voir et d'entendre, se flattait de l'espoir que Plouf Fakeloc, ne pouvant rien tirer de Philibert, ne tarderait pas à le renvoyer.

— Comme, de mon côté, je serai un très mauvais valet de chambre, se disait-il, l'usinier me congédiera aussi. Mon geste de tout à l'heure, qui traduisait ma mauvaise humeur, nous aidera donc à recouvrer une liberté qui ne m'a jamais été aussi chère qu'à présent. Et nous retournerons à Cardiff que je n'aurais jamais dû quitter. Mais qu'est ceci ?

Le jeune homme était arrivé en un endroit où l'on entendait un bruit de vaisselle remuée, de pas sur le plancher, de rires et de toux... Il écarquilla les yeux pour chercher à distinguer les marmitons qui faisaient un pareil tintamarre de cuisine.

CHAPITRE VIII

JE NE SAIS PAS LIRE

Le bruit venait d'une pièce voisine de la chambre dans laquelle Bérieux tournait depuis un moment sans arriver à découvrir de porte de sortie. Il finit par s'apercevoir qu'une tenture servait de cloison d'un côté ; il souleva cette tenture et se trouva sans transigeance dans une cuisine où des hommes coiffés de fez allaient et venaient devant des fourneaux... Une odeur de friture prenait à la gorge et l'atmosphère était lourde des fumées qui montaient des grosses marmites de cuivre rouges alignées sur les foyers. Au fond de la salle, des marmitons lavaient la vaisselle et passaient les assiettes à des personnages qui disparaissaient aussitôt pour revenir l'instant d'après se charger d'une nouvelle pile de faïence. A la vue de l'ingénieur tous éclatèrent d'un rire bruyant et suspendirent leur ouvrage. Lucien, qui ne comprenait pas ce qui causait l'hilarité de ces gens, voulut leur poser des questions. Mais ils ne parlaient ni le français ni l'anglais : ils étaient Hindous pour la plupart et s'exprimaient en un dialecte de la province du Radjpoutana. Ils firent signe au nouvel arrivant de traverser la cuisine sans s'y arrêter et le poussèrent par les épaules, peut-être parce qu'ils estimaient que l'étranger n'obéissait pas assez vite. Bérieux, qui se sentait de plus en plus réduit à la valeur d'une épave dans cet établissement qui ne ressemblait à aucun autre, pénétra donc en coup de vent dans un local de vastes dimensions qu'il reconnut comme étant un réfectoire aux longues tables disposées parallèlement au mur non percé de fenêtres. A peine le jeune homme avait-il embrassé du regard la quadruple file de couverts qu'un gong retentit quelque part... L'instant d'après, des hommes faisaient irruption dans le local et s'asseyaient devant les assiettes tandis que les marmitons entrevus tout à l'heure apportaient des plats et servaient les convives. Ces derniers, vêtus à l'européenne, portaient tous dans le dos le chiffre 3. Ils se mirent à causer à voix basse entre deux bouchées. Bérieux, qui ne pouvait saisir que des bribes de phrases entendit :

« Dernière tournée... sous le masque de caoutchouc... » et comprit que les hommes parlaient de leur travail.

Il s'était assis au bout d'une table et devint bientôt le point de mire des pensionnaires du château, mais aucun d'eux ne lui adressa la parole... Il allait lui-même entamer la conversation, quand le gong retentit de nouveau... Les hommes se levèrent tous à la fois et disparurent pour faire place à d'autres qui, eux, portaient, cousu entre les épaules, le chiffre 5.

L'ingénieur se dit que les ouvriers de Plouf Fakeloc manœuvraient par équipe, et il ne put s'empêcher de frémir en croyant deviner que jamais les hommes d'une équipe ne correspondaient avec ceux de l'équipe voisine. Une pancarte, d'ailleurs, était suspendue à l'un des murs de la salle et elle interdisait formellement aux « ouvriers » d'équipes différentes de se parler, de se voir même sans la permission du directeur. La désobéissance à ce règlement sévère entraînait la mort. Le frisson de Bérieux redoubla.

— A quelle tâche infernale se livre-t-on donc ici ? se demanda-t-il.

Les ouvriers de l'équipe 5 en étaient au dessert quand Plouf Fakeloc fit son entrée dans le réfectoire. Ses petits yeux perçants firent le tour de la salle et distinguèrent Bérieux. Il marcha aussitôt vers lui d'un air courroucé.

— Comment oses-tu te trouver au réfectoire, croquant de malheur ? grinça-t-il. Ne t'avais-je pas dit d'aller m'attendre au pavillon du sud ? Tous les locaux ont un nom chez moi, et ce nom est écrit en plusieurs langues au-dessus de la porte !

— Possible ! dit tranquillement l'ingénieur. Mais je ne sais pas lire.

— Hein ? sursauta l'usinier, un illettré ? Ce serait trop beau ! Tu as cependant signé ton contrat à Cardiff !...»

— Oui... Je sais mettre mon nom sur le papier, articula Bérieux avec un beau flegme ; il ne faut pas me demander davantage.

— Délicieux ! ricana Plouf Fakeloc. C'est la Providence qui t'envoie, mon garçon ! Retourne tes poches devant moi !

— Pour quoi faire ? questionna le jeune homme.

Fakeloc blêmit de colère subite.

— Si tu savais lire, fit-il, tu saurais à quoi tu t'exposes en n'obéissant pas sur-le-champ quand je donne un ordre !... Allons, vite !

Bérieux s'exécuta en riant sous cape de la bonne idée qu'il avait eue de dissimuler à tout hasard son portefeuille et ses papiers dans la doublure de son veston pendant la traversée à bord du *Bélouchistan*. Au fur et à mesure que les objets tirés des poches de l'ingénieur passaient sous le nez de Fakeloc, celui-ci les inventoriait à haute voix :

— Un mouchoir, un porte-cigarette, une blague, de l'argent... Bon !... Et ceci ? Et ceci ?...»

Bérieux venait de montrer un journal acheté à Cardiff la veille de l'embarquement à bord du paquebot, journal qu'il avait oublié là, ne pensant point qu'il pût le mettre en difficulté à un moment donné.

— Un illettré qui lit la gazette ! fulmina l'usinier.

— Mais le journal appartient à mon maître, M. Anasthase ! se récria l'ingénieur.

— Il n'y a de maître que moi, maintenant ! glapit Fakeloc. Déploie ce journal, que je voie les nouvelles d'il y a trois mois ! Je puis bien dire que depuis des années c'est le premier quotidien qui entre dans la maison !

Bérieux se rendit à l'invitation qui lui était faite sur le ton rogue que Plouf Fakeloc semblait chérir. Mais voici que du journal déployé quelque chose retomba, un rectangle de papier que Bérieux reconnut du premier coup d'œil...

— Une lettre ! s'écria l'usinier.

— La lettre de miss Fany Welley ! faillit s'exclamer le jeune homme ; la missive que je croyais avoir perdue !

Et, tout haut :

— M. Anasthase a dû l'oublier là... Je la lui remettrai quand je la verrai.

Bérieux se penchait pour ramasser le pli... Fakeloc ne lui en laissa pas le temps.

— Non ! moi ! fit-il. J'ai le droit de tout savoir !

Et il s'empara de la lettre qu'il se mit en devoir de lire. Le contenu parut l'intéresser vivement.

— Je vois, dit-il, pourquoi M. Anasthase me demandait de le laisser repartir en Angleterre... Et quelle est donc cette jeune personne qui ne veut pas se marier avec le nommé Harry Melson ?... La signature est à la page suivante...

Bérieux avait envie de sauter sur Plouf Fakeloc et de lui arracher la lettre. Il se contint pourtant dans la crainte de compromettre les chances de l'évasion qu'il avait décidée. L'usinier venait de tourner la page. Il tonitrua :

— Fany Welley !... Welley de Cardiff !... Ah bah !...

— Vous connaissez la famille Werley ? demanda Lucien.

Plouf Fakeloc redoubla son froncement de sourcils.

— Personne ici ne m'interroge ! fit il. Tu noteras ce détail, une fois pour toutes ! Tu as déjà mérité à deux reprises d'être jeté en pâture aux fauves... Je ne te pardonne que parce que tu es illettré... Je vais te conduire à ma chambre que tu feras chaque jour... Je t'admets aussi à l'honneur d'épousseter mon cabinet de travail... Ouvre tes oreilles d'ignorant : il y a un revolver chargé en entrant, à gauche, sur un classeur... N'hésite jamais à le prendre et à casser la tête à quiconque voudrait pénétrer dans mon bureau pendant que tu manieras le plumeau ou le balai. C'est compris ?

— Oui, monsieur, dit Bérieux.

. . . .

En frottant le parquet de la chambre de Plouf Fakeloc, quelques heures plus tard, l'ingénieur se livrait aux réflexions que l'on devine. Le mystère qui entourait la personne de l'usinier n'était point éclairci. Tout ce que le jeune homme savait, c'était que le château constituait une forteresse hargneuse dont les habitants menaient une existence pire que celle des forçats. La pensée du prisonnier (quel autre nom donner à Bérieux ?) s'évadait de cette usine infernale et prenait le chemin de Cardiff où elle ne tardait guère à arriver. Elle cherchait alors Fany Welley et ne la trouvait point.

— Que fait la fille du banquier ? se demandait Lucien. S'est-elle résignée à obéir à son père ? Ce traître de Harry Melson est-il à l'heure actuelle le gendre de sir Welley ? Comme ils ont dû rire ensemble de ma mésaventure ! Quelle histoire ont-ils raconté à Fany ? Ils lui auront dit sans doute que j'étais revenu en France et que j'avais fui pour me soustraire aux risques d'un duel... Ils m'ont fait passer pour un lâche... Oh ! retourner là-bas, ne serait-ce que dans le but de réduire à néant la calomnie dont on me charge ! Jamais je n'ai tant maudit Mac Ferwell ! Jamais je n'ai tant ressenti la douleur de l'exil !...

Bérieux eût moins souffert s'il avait pu savoir que Melson avait, lui aussi, pris le chemin de l'Inde et surtout s'il avait pu lire dans la pensée de Fany Welley.

La jeune fille, depuis qu'elle savait que Lucien n'était point mort, ainsi que le bruit en avait tout d'abord couru, s'était reprise à espérer en l'avenir. Elle eût donné de grand cœur les économies qu'elle possédait pour avoir des nouvelles du disparu. Le récit qu'avait fait sir Welley sur la foi de ce que lui avait dit Mac Ferwell était si vague qu'il lui permettait les suppositions les plus contraires. Chaque fois que la jeune fille s'arrêtait à ces suppositions-là, elle concluait par ces mots murmurés à voix basse :

— Il faut que je me renseigne !... Il faut que je sache tout !... Il n'y a qu'un homme qui puisse satisfaire ma curiosité, c'est Mac Ferwell. Pourquoi n'irais-je pas le trouver ?

Fany attendit le moment indiqué vrit au vieux domestique William qui essaya tout d'abord de la dissuader d'une pareille démarche. Miss Welley l'arrêta d'une phrase :

— Je tomberai malade, si vous ne m'aidez pas, mon bon William ! Quel mal y a-t-il à ce que je rende visite à ce Mac Ferwell ? Vous m'accompagnerez, bien entendu, et l'entretien aura lieu en votre présence...

Le vieux valet, qui était la bonté même et qui compatissait aux ennuis de Fany, finit par accepter. Il s'enquit de l'adresse de Ferwell, ce qui n'était pas difficile, et prévint la jeune fille qu'elle eût à se tenir prête à sortir une heure et demie après le repas du soir, quand la nuit serait tout à fait venue.

Fany attendit le moment indiqué avec impatience, mit une robe de teinte sombre pour passer davantage inaperçue et se glissa dans le jardin où William se trouvait déjà. Une voiture se tenait à la porte donnant sur la rue la plus déserte. Un quart d'heure de course amena nos gens devant la maison connue des lecteurs. William descendit de voiture, alla frapper à l'huis orné de gros clous. La vieille femme qui servait de concierge vint ouvrir.

— Sir Mac Ferwell n'est plus ici, répondit-elle à la question du domestique. Il ne reviendra probablement pas de sitôt si l'on considère qu'il a fait enlever les meubles, ou, pour être plus exacte, qu'il les a vendus. Il ne m'a pas dit où il allait et j'ai oublié de m'informer de ce détail.

Fany, qui entendait ces paroles depuis la voiture, fut consternée. William essayait en vain de la consoler en lui remontrant que Lucien Bérieux finirait toujours par donner de ses nouvelles. La voiture stoppait de nouveau derrière le jardin. La jeune fille franchit la petite porte et songea à regagner son appartement. Mais, en passant dans l'allée principale, elle vit de la lumière à la fenêtre du salon...

— Mes parents ne sont donc pas couchés ? tressaillit-elle. Comment traverserai-je le vestibule sans qu'ils m'entendent ? Ma foi, tant pis, ce sera mon châtiment... Je leur avouerai tout ! Aussi bien, la cachotterie n'est pas digne de moi.

Fany marcha résolument vers la pièce éclairée, pénétra dans le vestibule, ouvrit toute grande la porte du salon, poussa un cri étouffé...

Son père et sa mère étaient en larmes... Elle crut tout d'abord que c'était à cause d'elle, et elle ouvrait déjà la bouche pour leur demander pardon de son innocente escapade, quand sir Welley lui ouvrit les bras et soupira :

— Ma pauvre petite !... Ma pauvre enfant !...

— Mais puisque je suis là ! dit Fany.

Mrs. Welley articula dans un sanglot :

— Nous qui étions si tranquilles !... Quelle histoire !...

Fany comprit, en un éclair, qu'elle n'était pas en cause et qu'un malheur fondait sur la maison.

— Qu'y a-t-il ? demanda-t-elle.

Pour toute réponse, son père lui désigna une lettre qui traînait sur la table. Fany s'empara du pli, parcourut du regard les lignes tracées d'une haute et large écriture. Ces lignes étaient ainsi conçues :

« A sir Welley, banquier à Cardiff.

« Sir, j'aurais pu vous envoyer ce mot, il y a vingt ans, au lendemain de votre mariage. Je ne l'ai point fait, parce que je ne disposais pas alors de la puissance nécessaire pour lutter avec quelque chance de victoire. Il en va tout autrement aujourd'hui.

« Sir, votre épouse vous a apporté 250.000 livres de dot ; mais cette dot ne lui appartenait pas. Je m'explique : les parents de votre femme ont volé aux miens l'héritage d'un homme qui avait disposé de sa fortune en faveur de ma famille. Je m'adresse donc à votre honnêteté. Rendez-moi les 250.000 livres, envoyez-les à sir Bleedgar, banque de Ceylan à Colombo.

« Je vous accorde un délai de trois mois. Mais je dois vous prévenir que si, dans quatre-vingt-dix jours, je n'avais rien reçu, je vous déclarerais une guerre implacable, et que je suis armé pour vous pulvériser, vous et les vôtres.

« Ne cherchez pas à discuter le bien-fondé de ma demande. Il ne s'agit point d'un procès, mais seulement d'une restitution : 250.000 livres. Dans l'attente de la somme, je vous prie de croire, sir, à mes sentiments distingués.

« BLEEDGAR. »

Les principaux personnages de ce roman se retrouveront dans le volume qui paraîtra la semaine prochaine sous le titre

L'ESCORTE INVISIBLE

Nos lecteurs en trouveront le début à la page suivante.

L'ESCORTE INVISIBLE

CHAPITRE PREMIER

UN EXEMPLE QUI DONNE A RÉFLÉCHIR

Fany avait lu cette lettre à haute voix en se faisant violence pour ne point l'émailler d'exclamations stupéfaites et indignées. Quand elle eut terminé, elle remit le pli sur la table et regarda son père.

— C'est une abominable accusation, n'est-ce pas ? dit-elle.

— Mes parents étaient incapables de la moindre indélicatesse, affirma Mrs. Welley d'un ton vibrant d'honnêteté. J'entends parler de ce sir Bleedgar pour la première fois de ma vie, et « l'homme » qui avait disposé de sa fortune en faveur de la famille Bleedgar n'existe que dans l'imagination de celui-ci. Nous avons hérité de mon grand-père, lequel avait gagné dans le commerce des laines ce que, plus tard, mes parents ont fait fructifier ! Je méprise la calomnie de ce monsieur...

— Mais il y a une menace, fit remarquer Fany.

— Justement, intervint sir Welley, c'est cette menace qui retient notre attention... Que faire ? Ce Bleedgar a l'air d'un gaillard décidé aux pires choses...

Mrs. Welley, qui avait cessé de pleurer pour protester de l'allégation relative aux 250.000 livres, versa de nouveau des larmes. Le banquier tenta de lui remonter le moral.

— Et puis, articula-t-il, nous sommes bien bons de nous alarmer ! Les malfaiteurs ne sont pas encore les maîtres de l'Angleterre, que je sache ! Il y a une police dans le royaume ! Les escrocs en prendraient trop à leur aise si nous ne nous rebiffions pas !... Je vais porter plainte, et nous verrons bien !

Cette décision énergique remena un peu de calme sur le visage de Mrs. Welley, Fany applaudit hautement son père, qui entreprit de démontrer que les forbans ne pouvaient échapper à l'attention de la justice, même quand ils se cachaient dans l'île de Ceylan.

— Nous verrons, répétait-il, nous verrons ! En attendant, allons dormir.

Mais la nuit s'écoula sans que sir Welley, sa femme et sa fille pussent fermer l'œil. Le banquier était tourmenté par cette lettre, Mrs. Welley tremblait malgré les discours de son mari ; Fany se demandait comment elle pourrait avoir des nouvelles de Lucien Bérieux et ce que signifiait la brusque disparition de Mac Ferwell. Le jour arriva là-dessus ; sir Welley fit sa toilette et se rendit chez l'attorney général qu'il comptait au nombre de ses amis.

L'attorney le reçut avec infiniment de courtoisie, bien que l'heure matinale ne fût pas aux visites.

— Excusez-moi, dit le banquier, mais je viens pour une affaire que vous allez trouver ridicule... Je veux croire qu'elle n'est que cela... J'ai en mains, depuis hier soir, la lettre que voici...

L'attorney prit la lettre, y jeta un coup d'œil et fit :

— Je sais... Bleedgar, n'est-ce pas ? Des menaces et une demande d'argent ?

— Qui vous a renseigné ? demanda sir Welley. *(A suivre.)*

Imprimerie de Sceaux.

www.ingramcontent.com/pod-product-compliance
Ingram Content Group UK Ltd.
Pitfield, Milton Keynes, MK11 3LW, UK
UKHW021515260726
13993UKWH00004B/1675